育児 やることリスト 大全

0〜5歳までの 毎日のお世話・イベントの すべてがわかる

ninaru baby
監修

★ はじめに

世の親御さんがみな当たり前のように
きちんとしているように見える「育児」。
でも実際に親になってみると、
赤ちゃんとの生活は楽しく幸せな一方、
わからないことだらけです。

親として、人に元々備わっていることなんて
ほんのわずかで、多くの人は目の前に次々と噴き出してくる
「わからないこと」「やるべきこと」を
インターネットや本・雑誌、人から情報を集め、
なんとか調べてやってみて、
トライ＆エラーの連続で生活が回っていきます。

初めて赤ちゃんを家に迎えるときは
たくさんのベビーグッズを揃え、
入院の準備を整えたり、家を赤ちゃん仕様に変えたり。
そして赤ちゃんが生まれると親の生活は一変し、
24時間態勢でのお世話が始まります。

親というものは、
実は膨大な作業をこなしている
とてもすごい人たちなのです。

子どもが成長すると、日々すべきこともどんどん変わり、
調べることに終わりはありません。
でも、限られた時間の中で玉石混交の情報を整理するのも
また消耗する作業です。

本書では、そんな親御さんの助けとなるよう
「育児する上で、事前に準備しておくとラクなこと」を
リストアップしました。
「〇歳の旅行では何を準備すればいいか」
「〇歳がいるときの１日のタスクは何か」といった、
親がする具体的なことを分解してアウトプットし、
誰の目にも見えるようにしています。

「育児の主たる担い手」が
毎日の育児の中で
いかに膨大なことを考え、こなしているか、
本書の「やることリスト」を切り貼りしてパートナーに知ってもらい、
家事育児のシェアにも活用していただければ幸いです。

「やらなければならないこと」が整理され、
頭を悩ませる時間が減ることで
子どもと気持ちよく過ごす時間が増えること。
育児の不安と負担が少しでも軽くなること。
育児をもっと楽しめるようになること。
それこそが本書の一番の目的です。

2021年3月　『育児やることリスト大全』スタッフ一同

本書の使い方

本書はトピックごとに1見開きで構成。それぞれ情報のページと「やることリスト」のページがセットになっています。頭から順番に読む必要はないので、ぜひ今すぐ必要なページから活用してください。

左のページ〈本文〉

育児情報が詰まったページ。基本的な知識からリアルな事情までご紹介。

右のページ〈リスト〉

検討したいこと、実際にすることがリストになっている実用ページ。

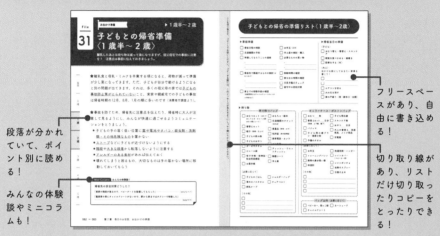

段落が分かれていて、ポイント別に読める！

みんなの体験談やミニコラムも！

フリースペースがあり、自由に書き込める！

切り取り線があり、リストだけ切り取ったりコピーをとったりできる！

監修

ninaru -baby-

ninaru baby

本書はママの3人に1人（※）が登録するという育児・子育てアプリ「ninaru baby」が全編監修。情報記事はアプリから抜粋・編集の上掲載しています。

※厚生労働省発表「人口動態統計」と fire base / first open から算出（2019年）

家族のかたちはそれぞれ！

本書では便宜上「ママ」「パパ」「パートナー」などの呼称を使用していますが、家族のかたちはそれぞれです。おひとりで育児されている方も、パートナー以外の方と育児されている方も、リストを便利にお使いいただけるようにしています。

「わが家流」のリストにする

「するべきこと」をリストアップする負担を減らすため、本書ではできるだけ細かい項目まで載せていますが、決して全部やらなければならないわけではありません。ぜひご家族にとって無理のないリストにしてください。

＼シンプル／

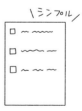

［ リストページの使い方 ］

① 使いたいページをコピーするか、切り取り線をはさみで切る

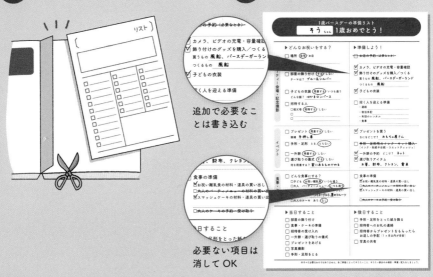

追加で必要なことは書き込む

必要ない項目は消して OK

② リストに必要なことを書き込み、「わが家流のリスト」を完成させる

③ 誰がどの項目を担当しているか書き込み、育児の分担を見える化

④ リストを使う人、共有したい人がよく見る場所にリストを貼り出す

トイレや……

これどうする？

そうだなぁ

冷蔵庫などに！

第 **1** 章
産前産後にすること

赤ちゃんが生まれたらうれしい！ かわいい！
でもやるべきこともわからないことも次々と湧いてきます。 016

第2章

毎日のお世話、 お出かけの準備

小さな子どもとのお出かけは出発前にすることがたくさん！
リストがあればスムーズに準備ができます。

第 3 章

成長・発達ごとに必要なこと

子どもが成長するにつれて、そのつど悩むことが出てくるもの。
考えたいことはアウトプットして頭の中をすっきり！

第**4**章
年中行事・イベントの準備

子どもが生まれると、お祝いごとがたくさん。
年中行事や季節のイベントも一気に身近なものになります。 ……… 142

第 **5** 章
育児に
必要なものの準備

必要なものはどんどん変わり、育児はもの選びと買い物の連続。
年齢ごとの目安リストをぜひ役立てて！ 182

第 6 章
育児で検討が 必要なこと

子育ては目の前のことをこなすだけではなく、
長期的な計画をしたり、大きな方針を考える必要も。 ……… 218

第 7 章

病気、ケガのとき

子どもが病気・ケガをしたら、親はとても心配して焦ります。
とっさのことに対応できるよう必要な備えを。 236

※本書では「保育所」のことを「保育園」と表記しています。あらかじめご了承ください。
※本書に掲載されている情報は2021年2月時点のものです。

監修

武井智昭先生

日本小児科学会専門医。2002年慶応義塾大学医学部卒。神奈川県内の病院・クリニックで小児科医としての経験を積み、現在は神奈川県大和市の高座渋谷つばさクリニックに院長として勤務。内科・小児科・アレルギー科を担当。感染症・アレルギー疾患、呼吸器疾患、予防医学などを得意とし、0歳から100歳まで「1世紀を診療する医師」として診療を行っている。

藤東淳也先生

日本産科婦人科学会専門医、婦人科腫瘍専門医、細胞診専門医、がん治療認定医、日本がん治療認定医機構暫定教育医、日本産科婦人科内視鏡学会技術認定医、日本内視鏡外科学会技術認定医で、現在は藤東クリニック院長。専門知識を活かして女性の快適ライフをサポートしている。

岩澤寿美子先生

公認心理師、臨床発達心理士、精神保健福祉士。清瀬市子どもの発達支援・交流センター「とことこ」のセンター長を務める。健診での相談、療育、大学等をはじめとする教育機関での教歴を経て、現職では発達について不安に感じる保護者へ相談指導や子どもへの療育指導を行ったり、幼稚園・保育園・小中学校などで巡回指導を行っている。

staff

表紙イラスト	tupera tupera
本文イラスト	むぴー
	M@R
表紙デザイン	小口翔平、加瀬梓（tobufune）
本文デザイン	二ノ宮 匡
DTP	山本秀一、山本深雪（G-clef）
ライティング	高橋知寿
	矢島 史
	杉本透子
校正	麦秋アートセンター
編集協力	杉本透子

第 **1** 章

産前産後に
すること

赤ちゃんが生まれたら
うれしい！ かわいい！
でもやるべきこともわからないことも
次々と湧いてきます。

　初めて親になる人にとって、赤ちゃんとの生活は楽しみな半面、わからないことだらけです。そんな方の戸惑いや不安を少しでも減らすために、本章では産前産後の「妊娠したらすること」から「1ヶ月健診の準備」までのやることをご紹介。内祝いのチェックリストなど、実際親になってみないとわからない必要事項もケアしています。すべてを読み込む必要はありませんので、今すぐ必要なことを右のチャートからたどってみてください。

　産前産後はママの体に非常に大きな負担がかかるので、リストを家族で共有して、ママのすべきことが少なくて済むように話し合いましょう。

　日々の生活の中、赤ちゃんを育てる準備を整えていくのはエネルギーのいること。でも、あとから振り返るとすべてが特別な時期だったと思えるはずです。無理しすぎず、人に頼りながら、産前産後をできるだけ楽しんで過ごせるといいですね。

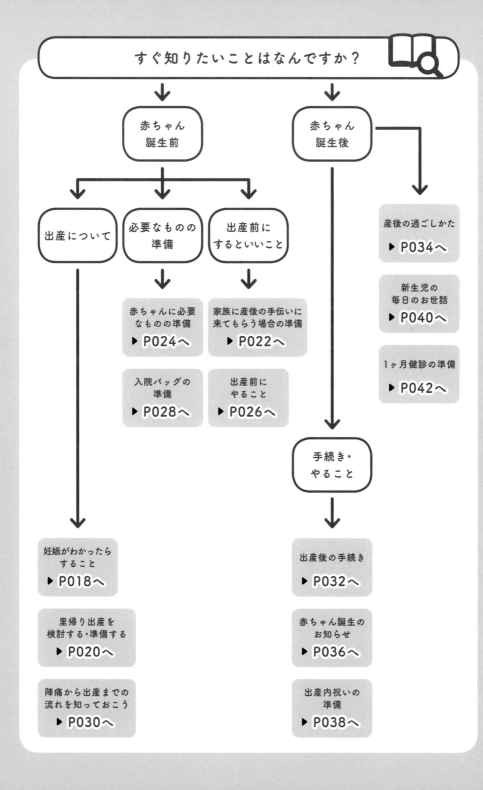

すぐ知りたいことはなんですか？

赤ちゃん
誕生前

赤ちゃん
誕生後

出産について

必要なものの
準備

出産前に
するといいこと

産後の過ごしかた
▶ P034へ

新生児の
毎日のお世話
▶ P040へ

1ヶ月健診の準備
▶ P042へ

赤ちゃんに必要
なものの準備
▶ P024へ

家族に産後の手伝いに
来てもらう場合の準備
▶ P022へ

入院バッグの
準備
▶ P028へ

出産前に
やること
▶ P026へ

手続き・
やること

妊娠がわかったら
すること
▶ P018へ

里帰り出産を
検討する・準備する
▶ P020へ

陣痛から出産までの
流れを知っておこう
▶ P030へ

出産後の手続き
▶ P032へ

赤ちゃん誕生の
お知らせ
▶ P036へ

出産内祝いの
準備
▶ P038へ

妊娠がわかったら すること

初めての妊娠はわからないことだらけ。
パートナーや家族と一緒に大事なポイントを確認しましょう。

★市販の妊娠検査薬で陽性反応が出たら産婦人科へ行き、検査を受けます。生理予定日から1週間後はおよそ妊娠5週目にあたり、個人差はありますがこの時期に「胎嚢（たいのう）」を確認されることが多いです。

★出産予定日が決定したら、市区町村のHP等で必要書類を確認のうえ窓口に行き、母子手帳をもらいます。つわりがつらい場合は代理人が行くこともできます（必要書類が多いのでHP等を要チェック）。

★妊婦健診から出産までお世話になる産院は通いやすく自分に合ったところを選びましょう。また、産院を決めたらなるべく早く「分娩予約」を行います。人気のある産院ではすぐに予約が埋まることも。

★妊娠中に気をつけたいのは風しん。風しんに対する免疫のない妊婦さんが感染すると、胎児が「先天性風しん症候群」にかかるおそれがあります。妊婦健診で抗体検査を受け、抗体がない、または抗体価が低い場合は特に妊娠20週を過ぎるまで感染予防が必要です（※妊婦さんは風しんの予防接種を受けられません）。パートナーにもなるべく早く風しんの抗体検査と予防接種を受けてもらいましょう。

★最近ではお腹の中の赤ちゃんの様子やママの体の変化がわかる妊婦さん向けのアプリも多数出ています。パートナーも一緒に登録すると、親になる心の準備が一緒にできておすすめです。

妊娠中にすることリスト・妊娠中に気をつけたい食事の早見表

▶妊娠中にすることリスト

初期（〜15週）

- ☐ 病院（産婦人科）で診察を受ける
- ☐ 役所に妊娠を届け出て、母子手帳をもらう
  ※妊婦健康診査受診票なども併せてもらうことが多いです。
- ☐ 役所や駅でマタニティマークをもらう
- ☐ 里帰り出産をするかどうか検討する（詳しくはp20）
- ☐ 出産する病院・産院を検討する
  ※妊娠出産によってリスクが高くなる持病がある場合や高齢妊娠の場合、また分娩方法によっても分娩できる施設が限られることがあります。
- ☐ 分娩予約をする
- ☐ 妊婦健診に通い始める

中期

- ☐ 伝える必要がある人への妊娠報告
- ☐ 妊婦歯科検診を受ける
- ☐ 産休・育休の申請（会社員）

16週〜27週

- ☐ マタニティウェア・パジャマを用意する
- ☐ 安産祈願（妊娠5ヶ月目の戌の日に安産祈願をする行事）
- ☐ 母親学級・両親学級への参加
- ☐ 赤ちゃんの名前を考え始める
- ☐ 新生児のお世話に必要なものの準備（詳しくはp24）

後期（28週〜）

- ☐ 里帰り出産の準備（詳しくはp20）／手伝いに来てくれる人を迎える準備（詳しくはp22）
- ☐ 新生児が過ごす環境を整える（詳しくはp26）
- ☐ 入院バッグの準備（詳しくはp28）
- ☐ 自家用車がある場合、チャイルドシートをつけておく

▶妊娠中に断つもの　　酒　たばこ

▶妊娠中に避けたほうがいい食べ物

リスクとなる要因	食材・食品の例
リステリア	生ハム、ナチュラルチーズ（加熱殺菌していないもの）、未殺菌乳、スモークサーモン、肉や魚のパテ など
トキソプラズマ	生ハム、レバ刺し、ユッケ、馬肉、レアステーキ、加熱不十分な肉 など
食中毒	生卵、加熱不十分な二枚貝や肉類、低温殺菌が行われていない乳製品 など
子宮収縮作用	アロエ（皮）、ハーブ類（ネトル、ラズベリーリーフ、パッションフラワー）など

▶妊娠中の過剰摂取に気をつけたい食べ物

リスクとなる要因	食材・食品の例
カフェイン	コーヒー、ココア、コーラ飲料 など
水銀	本マグロ、インドマグロ、メバチマグロ、メカジキ、マカジキ、金目鯛、クロムツ など ※1週間に1食までが大まかな目安です。詳しくは厚生労働省HPなどを確認してください。
ヨウ素	ひじき・昆布・わかめ・のりなどの海藻類、インスタントの昆布だし、外食やインスタントのみそ汁・うどん、合わせ調味料、昆布エキスや海藻エキスが入っている飲み物、ヨウ素系うがい薬 など　※ヨウ素は胎児の発育に必要とされる一方、妊婦さんの摂取上限量は1日2,000μg（2mg）とされています。乾燥昆布5gに約12,000μgのヨウ素が含まれます。
レチノール	レバー、うなぎ、あゆ、ホタルイカ など

※妊娠中の食べ物については、医師により方針や指導が異なることがあります。

里帰り出産を
検討する・準備する

家族と相談し、里帰り出産することを決めたら、スケジュールの確認と準備を始めましょう。

産前

0歳

1歳

2歳

3歳

4歳

5歳

★里帰り出産は日本ならではの習慣で、妊婦さんが実家に帰省し、実家近くの産院で出産することをいいます。現在では里帰りせず自宅で産前・産後を過ごす人も増えてきています。

★里帰り出産のメリットは、「赤ちゃんのお世話をサポートしてもらいやすい」「家事をお願いして体の回復と育児に専念しやすい」など。デメリットは、「病院が途中で変わる、荷物やママの移動に手間がかかる」「パパが育児に参加するタイミングが遅くなる」などが挙げられます。

★迷うときは次のポイントを整理してみましょう。
- 自分の希望（産後どんな環境で過ごしたい？）
- どのような産院で産みたいか（総合病院、個人病院、助産院など）
- 帰省先の近くにどのような産院があるか（家から何分？　移動手段は？）
- パートナーの意向、育児休業がとれるかどうか
- 帰省先の両親の意向
- 感染症の流行状況と院内での対策

★多くの場合は妊娠12〜20週頃までに一度帰省先の病院で初診を受ける必要があり、34週頃までに帰省して転院することになります。出生届など産後の手続き（参考：P32）をどちらですればいいのかも下調べしておきましょう。

里帰り出産のスケジュール・準備リスト

▶ 里帰り出産のスケジュール

できるだけ早めに
帰省先に里帰り出産したいことを伝え、相談する

妊娠発覚後すぐ〜13週頃
帰省先の産院の下調べ、分娩予約

〜20週頃
通っている病院に紹介状を書いてもらう

〜20週頃
帰省先の病院で初診を受ける

〜31週頃
帰省準備をし、帰省先に荷物を送る
産後の手続き方法を確認する

〜34週頃
帰省して転院する

※あくまで目安です。帰省先の産院でもスケジュールを確認してください。

▶ 里帰り出産の準備リスト

ママが使うもの		赤ちゃんが使うもの

［健診や入退院の手続きに必要なもの］
- ☐ 母子手帳
- ☐ 健康保険証
- ☐ 診察券（すでにあれば）
- ☐ 妊婦健康診査受診票
- ☐ 病院の紹介状
- ☐ その他必要書類
- ☐ 印鑑（必要に応じて）

［肌着・ウェア］
- ☐ マタニティウェア（授乳服としても使えるものを選ぶと便利）
  ※滞在が1ヶ月以上になる場合は服を多めに。また1ヶ月健診やお宮参りも帰省先で行う場合はそれぞれの服も検討して準備しましょう。
- ☐ 産前産後用の下着
- ☐ 肌着・靴下
- ☐ 前開きのパジャマ（入院用に2〜3着準備）
- ☐ 洗面用具
- ☐ 化粧品・ヘアセット用品
- ☐ メガネ・コンタクトレンズ
- ☐ 財布・カギ
- ☐ 現金・クレジットカード・キャッシュカード
- ☐ 免許証などの身分証明書
- ☐ お薬手帳
- ☐ 飲んでいる薬（あれば）

- ☐ 携帯電話・カメラ
- ☐ 充電器
- ☐ 骨盤ベルト・腹巻き（あれば）

［陣痛・入院にそなえるもの］
- ☐ ペットボトル用ストロー付きキャップ
- ☐ うちわ
- ☐ テニスボール
- ☐ 授乳クッション
- ☐ 産褥用ショーツ：3枚くらい
- ☐ 産褥パッド：2パックくらい（必要に応じて）
- ☐ 薄手のカーディガンやガウン
- ☐ スリッパ
- ☐ 母乳パッド
- ☐ ミニバッグ
- ☐ 髪をまとめるもの …など

※入院バッグの詳細はp29
※産院で準備されているものを確認のうえ準備をしましょう。

［検討して準備するもの］
- ☐ 帰省先への手土産やお礼

- ☐ 短肌着：4〜5枚
- ☐ 長肌着orコンビ肌着：4〜5枚
- ☐ ツーウェイオール、カバーオール：3〜4枚
- ☐ ベビーハンガー
- ☐ セレモニードレス（退院時やお宮参り）
- ☐ ベビーベッド（帰省先ではレンタルなど）
- ☐ ベビー寝具（布団、綿毛布やタオルケット、枕、布団カバーなど）
- ☐ 紙おむつ（新生児サイズ1パック程度）
- ☐ おしりふき
- ☐ おむつ処理袋
- ☐ おむつ替えシート（バスタオルでも代用可）
- ☐ ミルクアイテム（必要に応じて）
  - ・粉ミルク／液体ミルク
  - ・哺乳瓶、哺乳瓶用乳首
  - ・哺乳瓶ブラシ、乳首ブラシ
  - ・哺乳瓶消毒アイテム
- ☐ ベビーバス（シャワーで沐浴する場合はお風呂マット）
- ☐ ベビーソープまたは沐浴剤
- ☐ バスタオル
- ☐ ガーゼ5枚〜
- ☐ スキンケア剤（ベビーローションなど）
- ☐ ベビー用爪切り
- ☐ ベビー綿棒
- ☐ ベビー用洗濯洗剤
- ☐ チャイルドシート（帰省先ではレンタルなど）

家族に産後の手伝いに来てもらう場合の準備

事前にサポートに来てもらうための環境を整えておき、産後はできるだけ気を遣わずに過ごせるようにしましょう。

★現在は里帰りをせず、産後に親などにしばらく自宅へ手伝いに来てもらうパターンも増えています。

★手伝いに来てもらうことを決めたら、出産予定日から来てもらうのか、産後に来てもらうのか、またいつまで手伝ってもらうかのスケジュールを家族と相談して決めましょう。

★サポートに来てもらえると助かる半面、離れて暮らしていた家族と急に関係が密になることで衝突が起きることも。産後はホルモンバランスが崩れているため、ママは精神的に不安定な状態です。事前にコミュニケーションをとり、大事なポイントは決めておくのがおすすめです。

★家族の手伝い以外にも、家事のサポートサービスや行政の支援も頼り、産後無理せず過ごせる環境をできる範囲で整えましょう。

Mini Column みんなの体験談！

家族に産後サポートに来てもらってどうだった？

「遠方に住む母に泊まり込みで3週間手伝いにきてもらいました。暑い時期で母が汗をかきながらスーパーへ買い出しに行ってくれるのが申し訳なく、食材宅配を登録しておけばよかったなと思いました」 ……………………………………………………………………………… （ねねママ）

家族が産後の手伝いに来てくれる場合の検討・準備リスト

事前の準備は体調と相談しながら無理のない範囲で。手伝いに来てくれる家族が
わかりやすいように、家事の分担も併せて検討しておきましょう。

▶検討すること

☐ 泊まってもらう場所
- ・自宅
- ・ホテル
- ・ウィークリーマンション
- ・マンションのゲストルーム
- ・その他 _____

☐ 手伝いに来てもらう期間
- ・いつから来てもらう？
  _____
- ・産後いつまで手伝ってもらう？
  _____

☐ 手伝いに来てくれる家族との家事分担
  ※担当する人など、わかりやすいようにメモしましょう。
- ・朝食準備 _____
- ・昼食準備 _____
- ・夕食準備 _____
- ・食器洗い _____
- ・洗濯 _____
- ・洗濯物をしまう _____
- ・掃除機がけ _____
- ・水回りの掃除（トイレ、お風呂、洗面所、シンク）
  _____
- ・ゴミ出し _____

☐ 買い物について
- ・買い出しをお願いする
  （お財布やクレジットカードを渡す？）
- ・食材宅配を利用する
- ・ネットスーパーを利用する

▶準備すること

〈宿泊施設に泊まってもらう場合〉
☐ 宿泊先の手配

〈自宅に泊まってもらう場合〉
☐ 布団の手配
☐ 滞在してもらう部屋の準備

その他
☐ 手伝いをお願いしたいことの相談
☐ 自宅や病院の住所の連絡
☐ お礼の準備（必要に応じて）
☐ _____
☐ _____
☐ _____
☐ _____
☐ _____

▶手伝いに来てくれた家族への連絡表
※カギの場所や家電・掃除用具の使い方などを自由にメモして渡しましょう。

☐ _____
☐ _____
☐ _____
☐ _____
☐ _____
☐ _____

生まれてくる赤ちゃんに
必要なものの準備

退院後すぐ必要なものを中心に、お世話グッズやベビー服を揃えましょう。

★赤ちゃんに必要なものの準備は妊娠中期の後半、20 ～ 27週（6～7ヶ月）頃から始めましょう。妊娠後期に入るとお腹が大きくなって思うように動けなくなるので、できれば妊娠35週（9ヶ月）の終わり頃までには基本的なものを揃えておくと安心です。

★赤ちゃんのお世話に必要なアイテムを確認し（右ページ参照）それぞれのアイテムを「どこで」「いつ」購入するのか計画を立てます。大きなものはネットショップを利用したり、家族と一緒に出かけたときに買ったりするのがおすすめです。

★母乳とミルクの割合やおむつのサイズなど、赤ちゃんが生まれてみないとわからないことも多いものです。必要かどうかわからないものは事前に下調べだけしておいて、必要になったらネットショップなどで購入しましょう。また、今はレンタルショップで借りることができたり、出産祝いとしてプレゼントされたりすることもあるので、新生児期に必ず使うもの以外は、ゆっくり揃えていってもいいでしょう。

赤ちゃんを家に迎えるために 揃えるもの・検討することリスト

●は退院後すぐに必要なアイテム、○は必須ではないものや赤ちゃんが生まれてから用意しても遅くないアイテムです。

▶揃えるもの

［肌着・ウェア］

- ●短肌着：4〜5枚
- ●コンビ肌着または長肌着：4〜5枚
- ●ツーウェイオール、カバーオール：3〜4枚
- ○ベビーハンガー
- ○セレモニードレス

※退院の際は季節に合わせて肌着とツーウェイオールを組み合わせてすませます。セレモニードレスを着せたい場合は準備を。

［ねんねグッズ］

- ●ベビーベッド
- ●ベビー寝具（布団、綿毛布やタオルケット、枕、布団カバーなど）
- ○防水シーツ
- ○メリー
- ○スウィングベッド＆チェア
- ○バウンサー
- ○バランスボール（寝かしつけ用）
- ○湿温度計

［おむつグッズ］

- ●紙おむつ（新生児サイズ1パック程度）

※赤ちゃんによって体の大きさが違うので、事前に買いすぎないように。

- ●おしりふき
- ○おむつ用ゴミ箱
- ○おむつ処理袋
- ○おしりふきウォーマー（秋冬）
- ○おむつ替えシート（バスタオルでも代用可）

［授乳グッズ］

- ●授乳クッション

- ○搾乳器
- ○授乳ライト
- ○母乳パッド
- ○ミルクアイテム
  - ・粉ミルク／液体ミルク
  - ・哺乳瓶、哺乳瓶用乳首
  - ・哺乳瓶ブラシ、乳首ブラシ
  - ・哺乳瓶消毒アイテム

［お風呂グッズ］

- ●ベビーバス（シャワーで沐浴する場合はお風呂マット）
- ●ベビーソープまたは沐浴剤
- ●バスタオル
- ○湯温計

［ケアグッズ］

- ●ガーゼ5枚〜
- ●スキンケア剤（ベビーローションなど）
- ●ベビー用爪切り
- ●ベビー綿棒
- ●ベビー用洗濯洗剤
- ○ベビー用体温計
- ○おくるみ
- ○よだれかけ（スタイ）
- ○ベビーブラシ
- ○ケアグッズの収納用品（かごやバッグ、ワゴンなど）
- ○育児日記帳（アプリでもOK）

［お出かけグッズ］

- ●チャイルドシート（自家用車がある場合）

※車に乗るときは、新生児でもチャイルドシートの使用が義務付けられています。

- ○抱っこ紐
- ○ベビーカー
- ○靴下など防寒アイテム（秋冬）

▶検討すること

- ☐ 赤ちゃんが過ごす場所
- ☐ 赤ちゃんが寝る場所（ベビーベッド or 布団）
- ☐ 沐浴の仕方（ベビーバス、シャワーで沐浴など）

▶インターネットで購入するもの

▶実店舗で購入するもの

出産前にやること

意外にやるべきことが多い出産前。体調を最優先に、この時期にしかできないことをリストアップしましょう。

産前

0歳

1歳

2歳

3歳

4歳

5歳

★臨月に入ると、「あとは赤ちゃんを待つだけ！」と思いきや、意外とすることが多くて「お産直前は忙しかった」という先輩ママも。そうならないためにも、出産前の時間を上手に使いたいですね。

★必ず準備が必要なのは、「赤ちゃんのお世話グッズの準備」「陣痛・入院バッグの準備」「里帰り出産の準備／手伝いに来てくれる家族を迎える準備」「産休・育休などの書類の記入（会社員）」などです。

★赤ちゃんが生まれると24時間赤ちゃんと一緒の生活が始まります。出産するまでに美容院に行ったり、子連れでは行きにくい場所に出かけたり、部屋の整理をしておいたり、今しかできないことをしておきましょう。

★産休・育休を経て仕事に復帰する予定の方は、保育園の下調べをし、入園手続きの流れを確認しておくといいでしょう（詳しくはP120）。

出産までにやること・やりたいことリスト

▶出産までにやること

- ☐ 赤ちゃんのお世話グッズの準備 （詳しくは p25）
- ☐ 赤ちゃんの服の水通し
- ☐ 入院準備 （詳しくは p29）
- ☐ 里帰り出産の準備・里帰り （詳しくは p21）
- ☐ 手伝いに来てくれる家族を迎える準備 （詳しくは p23）
- ☐ 産休・育休など各種書類の記入 （会社員）
- ☐ ....
- ☐ ....
- ☐ ....

▶夫婦でしたいこと

- ☐ 赤ちゃんを迎える部屋づくり・大掃除
- ☐ 名付け会議
- ☐ ファミリーサポートなどの
  自治体のサービスの下調べ
- ☐ ネットスーパーやネットショップの登録
- ☐ 小児科探し
- ☐ 保育園・幼稚園の下調べ
- ☐ 保険の見直し
- ☐ 内祝いの下調べ
- ☐ エコー写真のアルバムづくり
- ☐ マタニティフォトを撮る
- ☐ 子連れでは行きにくい場所へ出かける

　　　　　　　　　　　　　…など

▶ママがしたいこと

- ☐ マタニティヨガなどの運動
- ☐ 美容院に行く
- ☐ 友人と会う　　　　　…など
- ☐ ....
- ☐ ....
- ☐ ....
- ☐ ....

Free 🌀 自由にメモしましょう

入院バッグの準備

入院時の持ち物準備はなるべく 35 週頃までに。バッグを「すぐ必要なもの」と「あとから持ってきてもらうもの」に分けておくのがおすすめです。

★臨月に入ると、入院時の持ち物が気になりますよね。出産は早まることもあるため、妊娠28週（後期の初め）頃から出産の入院準備を始めて、できれば臨月に入る前の妊娠35週頃までに終えておきましょう。

★今はホテルのように入院中に必要なものをほぼすべて用意してくれる産院もあるので、「入院の手引き」などの書類をよく見てみましょう。

★入院中に家族が荷物を届けることができる場合は、「産院に行くときに必要なもの」と「あとから持ってきてもらうもの」に分けて用意し、陣痛や破水が起きたときは、入院時に必要なものだけを持って病院へ向かうのがおすすめです（計画分娩や帝王切開などで入院日があらかじめ決まっている場合は分けなくても OK）。まとめた荷物はすぐに持ち出せる場所に置いて、家族にも伝えておきましょう。

★初めての出産では、「あれもこれも準備したけれど実際には使わないものが多かった」というのも後日談としてはよくあることです。とはいえ、多めに備えるほうが安心して過ごせるでしょう。

入院の準備リスト

※産院で用意されているものもあるので、併せて確認しましょう。

▶産院に行くときに必要なもの

陣痛バッグ

［出産の入院手続きに必要］
- [ ] 母子手帳
- [ ] 健康保険証
- [ ] 診察券
- [ ] 入院に必要な書類
- [ ] 印鑑（必要に応じて）

［陣痛・分娩中にあると便利］
- [ ] ペットボトルの飲み物
- [ ] ペットボトル用ストロー付きキャップ
- [ ] タオル
- [ ] うちわ
- [ ] テニスボール
- [ ] 使い捨てカイロ
- [ ] 冷却ジェルシート
- [ ] 軽食
- [ ] 髪をまとめるもの
- [ ] デジタルカメラやビデオカメラ（空きメモリーのチェックと充電をしておく）
- [ ] カメラの充電器

［貴重品・必需品］
- [ ] 財布・カギ
- [ ] 現金・クレジットカード・キャッシュカード
- [ ] 免許証など身分証明書
- [ ] お薬手帳
- [ ] 携帯電話
- [ ] 携帯電話の充電器
- [ ] メガネやコンタクトレンズ
- [ ] ハンカチ・ティッシュ

Free 🌙 自由にメモしましょう

▶あとから持ってきてもらうもの

入院バッグ

［入院中の生活に必要なもの］
- [ ] 前開きのパジャマ：2〜3着
- [ ] 産褥ショーツ：3枚くらい
- [ ] 産褥パッド：2パックくらい
- [ ] 授乳用ブラジャー：3枚くらい
- [ ] 薄手のカーディガンやガウン
- [ ] スリッパ
- [ ] 母乳パッド
- [ ] 靴下
- [ ] ガーゼ・タオル
- [ ] 歯磨きセット
- [ ] 洗面用具
- [ ] メガネやコンタクトレンズ　　　日分
- [ ] 骨盤ベルト

［入院中にあったら便利なもの］
- [ ] ベビー用爪切り
- [ ] 授乳クッション
- [ ] ドーナツクッション
- [ ] 基礎化粧品、シャンプー、リンス
- [ ] リップクリーム
- [ ] メイクグッズ、クレンジング
- [ ] ヘアケアグッズ
- [ ] アイマスクや耳栓など消音グッズ
- [ ] 着圧ソックス
- [ ] おやつ
- [ ] ミニバッグ

［退院のタイミングで必要なもの］
- [ ] ベビーウェア
- [ ] 赤ちゃんの肌着
- [ ] 紙おむつ
- [ ] ママの退院用の服
- [ ] 分娩・入院費用

バッグ以外

- [ ] チャイルドシート（自家用車の場合）
- [ ] 抱っこ紐・スリング・おくるみ（自家用車以外の場合）

陣痛から出産までの流れを知っておこう

陣痛の前兆から出産までのプロセスを確認して、気持ちを落ち着かせましょう。

★臨月に入ると、これから迎える出産に不安を感じる人も多いのではないでしょうか。初産の方はもちろん、経産婦さんも出産を経験しているとはいえ、出産の流れが前回と同じとは限りませんし、お産の痛みを知っているぶん、怖くなることもあるかもしれません。

★事前に出産の流れを家族で把握・おさらいし、心の準備をしておきましょう。右ページの表を貼り出すのもおすすめです。

★無痛分娩、計画分娩、帝王切開の場合は右の表（自然分娩の流れ）とは異なります。産院の医師や助産師さんからの説明を受けて、不安な点があれば相談しておきましょう。

陣痛から出産までの時間、初産婦はどれくらい？

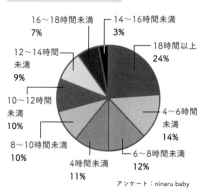

16～18時間未満 7%
14～16時間未満 3%
18時間以上 24%
12～14時間未満 9%
10～12時間未満 10%
8～10時間未満 10%
4時間未満 11%
6～8時間未満 12%
4～6時間未満 14%

アンケート：ninaru baby

事前に登録しておくと便利なサービス

☐ 陣痛タクシー
住所などを事前に登録しておけば、陣痛が始まったときに優先的に配車してくれるタクシーのサービス。

☐ 陣痛アプリ
簡単に陣痛の間隔を計測できます。

産前

0歳 ― 1歳 ― 2歳 ― 3歳 ― 4歳 ― 5歳 ―

陣痛の前兆～分娩の流れ おさらい表
（自然分娩の場合）

※出産の流れには個人差があります。不安なことがある場合は産院に確認しましょう。

陣痛の前兆／おしるし

子宮口が開いてくると、赤ちゃんを包んでいる卵膜と子宮壁の間にすき間ができ、少量の出血が起こり、ピンク色で血の混じったおりものが体外に出てきます。これを「おしるし」といいます。おしるしから陣痛までの時間には個人差があり、おしるしがきた当日に陣痛が始まる人もいれば、1～3日後に陣痛が始まる人もいます。また、おしるしがこないまま陣痛がくる人も多くいます。おしるしがきたらいつでも病院に行ける準備をして様子を見ましょう。「あれ？」と思うことがあれば、自己判断せず産院に連絡を。

陣痛の前兆／破水（前期破水）

「破水」とは、赤ちゃんが包まれている卵膜が破れ、中の羊水が排出されることをいいます。陣痛がきてから破水することもあれば、陣痛の前にいきなり破水することもあります。これを「前期破水」といい、2～3割の妊婦さんに現れるそうです。異常が起きているわけではなく、妊娠37～41週の正産期ならいつ破水してもおかしくありません。破水から陣痛までの時間には個人差がありますが、破水すると胎児やママの子宮が細菌に感染するリスクが高まります。そのため、破水後に陣痛が起きない場合は、医師と相談しながら陣痛促進剤などで陣痛を誘発することもあります。破水の様子には個人差があり、いきなり大量の羊水が出る人もいれば、少量ずつじわじわと出る人もいます。「破水かな？」と思ったら、すぐに産院へ連絡し、指示をもらいましょう。

陣痛の前兆／前駆陣痛（下腹部痛）がある

臨月に現れる下腹部の痛みは、前駆陣痛である可能性があります。前駆陣痛は不規則に起きる子宮収縮で、「偽陣痛」とも呼ばれています。本陣痛の予行練習のようなもので、おしるし、破水と併せて、よく見られる陣痛の前兆です。前駆陣痛から本陣痛までの時間にも個人差があります。いつでも病院に行ける準備をして、落ち着いて様子を見ましょう。

陣痛

不規則だった痛みの間隔がだんだん規則正しくなってきたら、それは「陣痛（本陣痛）」です。初産婦さんは10分ごと、経産婦さんは15分ごとの陣痛がきたら、分娩開始とされます。陣痛が始まったら、陣痛間隔を記録しましょう。陣痛の始まりから次の陣痛の始まりまで何分間か、陣痛が続いた時間が何秒（何分）かを測ってメモします。最近では、陣痛の間隔を記録できるアプリがあるので、そちらを使うのも便利です。一般的に、初産婦さんは痛みの間隔が10分を切ったとき、経産婦さんは本陣痛からの進みが早いため15分を切ったあたりで産院に連絡します。ただし、規則的な陣痛がなくても破水が疑われる場合や、胎動が少ない、痛みが強いなど、気になることがあるときには、すぐに産院に連絡してください。また、妊娠経過の状況によって、産院に連絡するように指示されるタイミングが異なるため、事前に確認しておきましょう。

分娩

【第一期（開口期）】

陣痛が10分間隔になってから子宮口が全開大になるまで。この時間が分娩の大半を占めます。子宮口の開き方には大きな個人差があり、第一期の時間の平均は初産婦さんで10～12時間、経産婦さんで4～6時間ですが、1日以上かかる人もいます。

【第二期（娩出期）】

子宮口が全開大になり、あとは赤ちゃんを産み出すだけです。助産師さんの指示に従いながらいきみ始めます。赤ちゃんが生まれるまでの時間の平均は、初産婦さんで2～3時間、経産婦さんで1～1.5時間ですが、この時間も個人差が大きいです。必要であれば、会陰切開が行われることもあります。医師や助産師からいきみを止める指示があったらいきむのを止め、全身の力を抜いて短く呼吸する方法に切り替えます。

【第三期（後産期）】

赤ちゃんが生まれてから胎盤が出るまでの時間です。「後産陣痛（後陣痛）」という軽い子宮収縮が起こって、胎盤を体の外に押し出します。初産婦さんで15～30分、経産婦さんで10～20分かかるといわれ、長くても1時間程度です。赤ちゃんを産み出すときのようにいきむ必要はなく、自然と胎盤が娩出されるのを待つという感覚に近いでしょう。胎盤が出たあと、会陰切開や裂けた部分があるときは縫合してもらいます。出産後は、出血量が落ち着いてくるまで分娩室で2時間ほど安静にして経過を見ます。ママのお腹の上でカンガルーケアをしたり、授乳したりする産院もあります。

産前産後

▶ 産前〜0歳

出産後の手続き

赤ちゃんが生まれると役所・勤務先でさまざまな手続きが必要です。
出産前に家族と一緒にチェックし、誰がどれをするか決めておきましょう。

産前

0歳

1歳

2歳

3歳

4歳

5歳

★出産後は役所や勤務先で行わなければならない手続きがたくさんあります。期日までに手続きをしないと困ることもあるので、出産前に確認し、チェックリストをつくっておきましょう。里帰り出産の場合は、それぞれどこで手続きをするのか、家族で連携をとれるように計画することが大切です。

★出生した赤ちゃんが未熟児であったり、医師から入院養育が必要と認められた場合の入院・治療費を援助してくれる制度（「未熟児養育医療給付」など）や、帝王切開などで治療を受け、1ヶ月の間に自己負担額上限以上の医療費がかかった場合の「高額療養費」の制度など、場合によって必要な手続きもあります。対応した医療機関が請求方法や助成について説明をしてくれることがほとんどですが、不安なことがあれば病院や産院の窓口に相談してみましょう。

★会社員のママは、「出産手当金」の申請や「育児休業給付金」等の手続きもありますが、すぐに対応しなくてもいいものや、勤務先で手続きしてくれるものもあります。

★自治体によって出産に関する制度はさまざまで、出産のお祝い品などがもらえるところも。役所の窓口に出向く際は、足を運ぶ前にHPや電話で必要な持ち物を確認しましょう。

届け出先別・出産後の手続きチェックリスト

※自治体や勤務先により制度が異なります。お住まいの市区町村や勤務先にも併せて確認してください。

役所

☐ **出生届の提出**
期限：生まれた日を含めて14日以内

出生届は病院や産院でもらえることが多いでしょう。里帰り出産をした場合、帰省先の役所へ届け出てもOK。

☐ **乳幼児・子どもの医療費助成の申請**
期限：赤ちゃんの健康保険証が届いたらできるだけ早く

子どもの医療費を一部または全部助成してもらえる制度です。「乳幼児医療証」の提示で医療費が無料になる自治体もあれば、後日補助金で還付される自治体も。

☐ **児童手当の申請**
期限：できるだけ出生月内に（遅れても申請は可だが、さかのぼって支給を受けることはできない）

支給額（乳幼児1人につき）
・0～3歳未満　月額15,000円
・3歳～小学校修了前まで
　月額10,000円
　（第3子以降は月額15,000円）
・中学生　月額10,000円

※所得制限を超える世帯は子どもの年齢に関係なく一律5,000円（2021年2月時点）。

☐ **出生通知票、出生連絡票の提出**
（はがきなど）

自治体によって、新生児訪問を受けるために提出が必要です。

勤務先（健康保険の場合）または役所（国民健康保険の場合）

☐ **赤ちゃんの健康保険の加入手続き**
期限：できるだけ早く
（遅くとも1ヶ月健診まで）

ママとパパが2人とも働いている場合は、所得が高いほうの扶養に入れることが一般的です。

☐ **出産育児一時金**
期限：出産日翌日から2年以内

健康保険から出産費用の一部（1児につき42万円）が給付される制度です。最近では病院や産院が出産育児一時金の請求と受け取りを行う「直接支払制度」を採用していることもありますが、そうでない場合は申請方法を確認しましょう。

ママの勤務先

※産休に入る前に手続き方法と期限を勤務先に確認しておきましょう。

☐ 出産手当金
☐ 育児休業給付金
☐ 産休・育休中の保険料免除

パパの勤務先

☐ 育児休業給付金

税務署

☐ 医療費控除
期限：出産した年の翌年3月の確定申告（5年以内はさかのぼって請求可）

産前産後　▶ 0歳

産後の過ごし方

産後は赤ちゃんに注目が集まりがちですが、ママの体の回復がとても大事です。

★産後は全治8週間の傷を負っているのと同じと言われるほどのダメージを受けています。「体がつらい」「こんなに筋肉痛になるのか」と驚く人も少なくありません。体が完全に回復するまでの「産褥期」は、過ごし方に気をつけたいポイント（右ページ参照）があります。

★体がつらいだけではなく、母乳が思うように出なかったり、乳房の痛みやトラブルに見舞われることもあります。赤ちゃんや自分の体に関する心配事も次から次に湧いてくるでしょう。また、妊娠出産によってホルモンバランスは大きく波打っています。そのため、気持ちをコントロールすることが難しく、些細なことに感情が揺さぶられてしまいます。わけもなく涙が出てくるママも大勢います。

★この時期はママの心身の回復を優先して、家族や周りの人、行政や外部のサービスなど、頼れるものにはできるだけ頼りましょう。つらさを感じるときは我慢せず、周りにSOSを出して、ひとりになって眠る・休む時間が必要です。

★産後うつになる可能性は約7人〜10人に1人の割合と言われています。出産による環境の変化は思った以上にストレスで、ママだけでなく、家族にも産後うつは起こります。つらいなと思ったら、早めに相談窓口を探して保健師さんや助産師さんに話を聞いてもらえるようにしたり、産後ケア施設などの利用を検討しましょう。

産褥期の過ごし方

※体の回復スピードには個人差があるので、あくまでも目安です。

▶ 全体のポイント

- 1ヶ月健診までは基本的に外出を控える
- 傷口を清潔に保つ
- しっかり栄養をとる（特に鉄分やカルシウム、たんぱく質）

▶ 週別のポイント

〔産後1〜2週目〕
- 赤ちゃんのお世話や身の回りのこと以外は、横になって休む
- 家事はしない（しなければならない状況の場合は最低限）
- いつでも横になれるように布団やベッドメイクはそのままに

〔産後3週目〕
- 疲れを感じたらすぐに横になれるように、まだ布団やベッドメイクはそのままにしておく
- 体調がよければ、短時間で済む軽い家事を行える人もいる（無理に行わない）
- 体の回復が十分でない場合は無理をしない

〔産後4週目〕
- 普段の家事をできるまで体が回復する人も
- 産後の1ヶ月健診で許可が出たら、入浴や外出もできるように
- 体の回復が十分でない場合は無理をしない

〔産後5週目以降〕
- 夜間の授乳による寝不足などで疲れやすく、子宮もまだ回復の途中段階にある
- 激しい運動などは避け、体調を最優先にした生活を送る

▶ ママの体を回復させるために家族ができること

- ☐ ママの体調を第一に気遣う
- ☐ 家事をする、または家事をサポートしてくれるサービスの手配
- ☐ ママが赤ちゃんから離れられる時間をつくる
- ☐ 夜間の赤ちゃんのお世話をしてママが眠れる時間を確保する

Free　🌛 ママがしてほしいことを書き出してみよう

赤ちゃん誕生のお知らせ

「誰に」「いつ」「どうやって」お知らせするか出産前に考えておくのがおすすめです。

★親しい人や仕事関係の人への出産報告。産後はできるだけ体を休められるよう、事前にどの順番で連絡するか検討しておきましょう。

★一般的な出産報告の順番は、①家族、親しい友人②職場の上司や同僚、仕事の関係者③親戚、知人（知らせたい友人や知り合い）です。両親や兄弟姉妹には赤ちゃんが生まれたらすぐにパートナーや立ち合った家族が電話などで知らせましょう。事前に LINE などで家族のグループをつくり、一斉に連絡できるようにしておくのも◎

★最近では SNS で出産報告をする人も増えてきましたが、親しい友人や職場の上司やお世話になった方へは個別に連絡するほうが丁寧です。その他の友人や知人には SNS で報告をするか、落ち着いてから産後1〜2ヶ月くらいまでに連絡してもよいでしょう。年賀状や暑中見舞い、寒中見舞いで報告することもできます。

Mini Column みんなの体験談！

出産報告どうした？

「産後は頭が回らず、順番に連絡したが妊娠中心配してくれていた人への連絡が漏れてしまっていた。事前に『誕生を伝えたい人』をリストアップをしておけばよかった」……………（ねねママ）

「報告する順番を細かくリストにし、万全の準備をしていましたが、生まれると産後ハイに！出産直後に SNS を投稿し、『体は大丈夫？』と皆に心配されました……」……………（マロンママ）

出産報告リスト

産後は体がつらく、妊娠中に心配してくれていた人やお世話になった人への出産報告を忘れてしまうことも。
出産報告したい人のリストをつくっておくと安心です。

▶出産後すぐに連絡する人

▶出産後1ヶ月（〜2ヶ月）頃までに連絡する人

▶産後2〜3日以内に連絡する人

▶年賀状などはがきで連絡する人

▶退院までに連絡する人

▶連絡を簡単にするためにやっておくこと
（両親にLINEの使い方を教える、グループをつくるなど）

▶SNSでの報告をする？

▶パートナーが周りに出産報告するときに気をつけてほしいこと
（ママが写っている写真は事前にチェックさせてほしい、子どもの顔と名前はSNSにアップしないなど）

出産内祝いの準備

お祝いをいただいてから1ヶ月以内を目安に贈る内祝い。送り漏れがないようにリストで管理しましょう。

産前

0歳

1歳

2歳

3歳

4歳

5歳

★「内祝い」とは、内輪のお祝いのことで、「親しい人や身内の間で喜びを分かち合うこと」です。しかし現在では、「内祝い＝いただいたお祝いのお返し」という意味合いが強くなっています。

★内祝いは1ヶ月以内に贈るのが一般的です。ただ体調が回復しない場合は無理せず生後2ヶ月頃までに贈ってもかまいません。

★金額はいただいた品物や金額の1/2〜1/3程度が目安です。ただし、高額なお祝いをいただいた場合には、相場通りにお返しをするとかえって気を遣わせてしまいます。相手が目上の人の場合は、相場にこだわりすぎず、感謝の気持ちを込めて選びましょう。

★出産後、周りの人からお祝いの品をいただくととてもうれしいもの。ただ出産後しばらくは慣れない育児に追われて、出産内祝いを選ぶ時間をとるのは大変なことです。できれば出産前にネットショップや通販でできる贈り物を下調べしておくと安心です。

★内祝いとしてよく選ばれるのは日持ちのするお菓子です。できればメッセージカードなどを添えるといいですね。のしの表書きは「出産内祝」か「内祝」、水引は紅白蝶結びで、下に子どもの名前を入れます。

出産内祝いの管理表

▶ 内祝い品の候補

☐ ....
☐ ....
☐ ....
☐ ....
☐ ....

Mini Column みんなの体験談！

もらってうれしかった内祝いは？

「冷凍スープ詰め合わせ」「デパ地下の高級なお菓子」
....（ねねママ）

「おしゃれなキッチン用品の詰め合わせ」
「有名店のジャム」..（Ｙママ）

▶ 贈答記録表

日付	お祝いをいただいた人	いただいたもの (目安金額)	お礼	お返しするもの
			☐	
			☐	
			☐	
			☐	
			☐	
			☐	
			☐	
			☐	
			☐	
			☐	
			☐	
			☐	
			☐	
			☐	

産前産後

▶生後 28 日未満

新生児の毎日のお世話

新生児は昼夜の区別がなく、24 時間お世話が必要です。家族で協力して睡眠不足の時期を乗り切りましょう。

★新生児期の赤ちゃんは、2 ～ 3時間おきに眠っては起きておっぱい・ミルクを飲み、また眠っては起きておっぱい・ミルクを飲む、の繰り返しで、1日の睡眠時間は16 ～ 18時間ほどになります。その間、大人は赤ちゃんが起きるたびに、おむつ替えをすることになるのが一般的です。

★新生児の生活リズムの特徴
- 2 ～ 3時間ごとにお腹がすく
- 睡眠時間は16 ～ 18時間くらい、1日の多くを寝て過ごす
- おしっこは1日10 ～ 20回ほど出る
- うんちは、母乳の場合1日2 ～ 6回ほど、ミルクの場合は1日1 ～ 2回ほど出る（※個人差があり、1日1回出ていれば問題ない）
- うんちの色は黄色から緑色

★新生児にはまだ昼夜の区別がありませんが、できるだけ親と同じスケジュール（朝起きて夜は眠る）で過ごすことを心がけましょう。

★赤ちゃんとの生活に慣れた頃から少しずつ昼夜の違いを明確に示してあげましょう。朝起きたらカーテンを開けて朝日を取り入れ、夜寝る頃には部屋を暗くして静かな環境にすると、赤ちゃんは昼夜を認識し、生活リズムの基礎がつくられていきます。

産前

0歳

1歳

2歳

3歳

4歳

5歳

新生児の毎日のお世話分担表

産後のママは疲れやすいので、できるだけ休めるように
家族やサポートしてくれる人との分担を考えてみましょう。

			パパ	ママ ◯	ばあば ◯
例	16:00	沐浴準備			
	時間	やること	担当者		
朝～夜		□起床後のおむつ替え			
		□起床後の授乳・ミルク			
		□朝～夜の授乳・ミルク			
		□ミルクの調乳と 哺乳瓶の洗浄・消毒 （ミルク・混合の場合）			
	そのつど	□おしっこのおむつ替え （6～8回ほど）			
	そのつど	□うんちおむつ替え （母乳の場合：2～6回ほど、ミルクの場合：1～2回ほど）			
	そのつど	□服が汚れたら着替えさせる			
	そのつど	□泣いたら抱っこする・あやす			
	そのつど	□一緒に遊ぶ			
		□沐浴準備			
		□沐浴			
		□沐浴後のスキンケア			
		□沐浴後の着替え			
		□おへその消毒 （※産院の指導に応じて）			
夜間		□夜間の授乳・ミルク （※2～3回ほど）			
その他					

1ヶ月健診の準備

産後初めての外出になることも多い1ヶ月健診。服装や必要な持ち物を
チェックしましょう。

★産後の大切なイベントといえば、赤ちゃんとママの1ヶ月健診。出産した病院で行うことが多く、病院によって、赤ちゃんの健診とママの健診が同じ日に行われることもあれば、別日になることもあります。また、2週間健診を行う病院もあります。

★赤ちゃんの1ヶ月健診では主に健康状態や成長を確認します。もし赤ちゃんに病気や異常があれば早期発見につながる大事な機会です。体重の増え方（1日30gずつが標準）には個人差がありますが、極端に少ない（または多い）場合は栄養指導を受けることもあります。

【赤ちゃんの1ヶ月健診の主な内容】
● 体重・身長・頭囲・胸囲の測定 ●モロー反射をはじめとする原始反射のチェック ●先天性の病気（心疾患、呼吸器疾患など）●斜視や視覚 ●股関節脱臼 ●黄疸 ●「乳児ビタミンK欠乏性出血症」を防ぐためのビタミンK₂シロップを飲ませる ● 問診（母乳やミルクの飲み具合、睡眠や排泄の様子、刺激に対する反応など普段の様子）など

★ママの1ヶ月健診では主に体の回復状態を確認します。母乳についても相談できる場合が多いでしょう。

【ママの1ヶ月健診の主な内容】
● 尿・血圧（・血液検査）● 体重測定 ● 子宮の状態を診るための内診 ● 悪露の量や状態のチェック ● 母乳育児の場合はおっぱいのチェック ● その他問診（産後トラブルや赤ちゃんについて）など

★健診当日はママも赤ちゃんも脱ぎ着しやすい服装で行きましょう。ママは妊婦健診と同様にワンピースやスカートがおすすめ。赤ちゃんは頭からかぶる服ではなく、前開きの服がおすすめです。

1ヶ月健診の準備リスト

※1ヶ月健診に必要なものは病院によって異なることがあります。
病院からのお知らせ内容と違う点があれば下のリストに追加しましょう。

▶ 1ヶ月健診で質問したいことのメモ
（赤ちゃんのこと）

▶ 1ヶ月健診で質問したいことのメモ
（ママのこと）

▶ 前日までにチェックすること

- [ ] 1ヶ月健診で質問したいことをメモする
- [ ] 当日は何時までに家を出る？　　：
- [ ] 病院までの交通手段
- [ ] 買い足しが必要なものはある？

┌ Memo ──────
- [ ]
- [ ]
- [ ]
- [ ]
└──────────

▶ 1ヶ月健診の持ち物

- [ ] 母子手帳
- [ ] 診察券
- [ ] 保険証（赤ちゃんとママ）
- [ ] 乳幼児医療証
- [ ] 自治体で配布される乳児健診無料券（あれば）
- [ ] おむつセット（おむつ・おしりふき・ビニール袋・おむつ替えシート）
- [ ] 授乳ケープ
- [ ] ミルクセット（粉ミルク・お湯・お水／液体ミルク、哺乳瓶）
- [ ] 赤ちゃんの着替えセット（肌着・服・スタイ）

- [ ] ガーゼやタオル
- [ ] ビニール袋
- [ ] おもちゃ・おしゃぶりなど
- [ ] 抱っこ紐・ベビーカー
- [ ] 貴重品（財布・カギ）
- [ ] 現金（ママの健診費など）
- [ ] 携帯電話
- [ ] ハンカチ・ティッシュなど
- [ ] 質問したいことのメモ

┌ Memo ──────
- [ ]
- [ ]
└──────────

Column

ベビー服の種類、これだけわかれば大丈夫！

ベビー服にはさまざまな種類があり、どんな服を選べば良いのか最初はわかりにくいものです。
メーカーによっても呼び方はさまざまですが、
ここでは「これだけわかっていれば大丈夫」なポイントをご紹介します。

肌着

短肌着
（新生児〜生後6ヶ月頃）
赤ちゃんの基本の肌着。前開きでねんねしたまま脱ぎ着させることができます。丈が短いのが「短肌着」です。

長肌着
（新生児〜生後6ヶ月頃）
短肌着と同じく赤ちゃんの基本の肌着で、丈が長いのが「長肌着」。寒いときは短肌着に重ねて着せます。

コンビ肌着
（新生児〜生後6ヶ月頃）
赤ちゃんのM字開脚体型に合わせた、裾広がりの肌着。股下でスナップ留めができるので、裾がめくれません。

ボディ肌着
（ボディスーツ、グレコ）
（生後7ヶ月頃〜1歳頃）
股の部分でスナップ留めができる肌着。裾がめくれないので、足がよく動くようになったらボディ肌着にシフトを。

ウェア

ドレスオール
（新生児〜生後2ヶ月頃）
足の部分がスカート型になっているウェア。おむつ替えがラクなので、足が大きく動かない低月齢の頃におすすめ。

プレオール
（新生児〜生後2ヶ月頃）
足の部分がズボン型に留められるウェア。カバーオールと同じですが、低月齢向けのものがプレオールと呼ばれます。

カバーオール
（新生児〜生後6ヶ月頃）
太ももからふくらはぎを覆うタイプのウェア。使える時期が長く、赤ちゃんの洋服としてもっとも主流です。

ツーウェイオール
（新生児〜生後6ヶ月頃）
ドレスオールの股の部分にスナップボタンがついていて、ズボンにもできるもの。カバーオールと並んで主流です。

ロンパース
（ボディースーツ）
（新生児〜生後6ヶ月頃）
足が覆われていないパンツ型デザインを指すことが多く、股下がスナップボタンで留められます。

アウター（防寒）

オールインワン
（ジャンプスーツ）
（新生児〜1歳頃）
上下つながった赤ちゃん用の防寒アウター。足元から上半身まで覆われるので、特に寒さの厳しい時期におすすめです。

抱っこ紐ケープ
（新生児〜3歳頃）
抱っこで外出するときの防寒、授乳の目隠し、ベビーカーのブランケット代わりと、さまざまな場面で使える冬の必須アイテム。

ポンチョ（マント）
（新生児〜1歳頃）
袖を通す必要がないので、抱っこ紐やベビーカーでの移動が多い赤ちゃんにおすすめです。

044 — 045

第 **2** 章

毎日のお世話、
お出かけの準備

小さな子どもとのお出かけは
出発前にすることがたくさん！
リストがあれば
スムーズに準備ができます。

　この章でご紹介するのは、「毎日のお世話」「お出かけ準備」「健診の準備」です。

　「毎日のお世話」では、子どもが朝起きてから寝るまですることをリストアップ。ご家庭によってお子さんの人数もライフスタイルも違うので、必要なことは書き出して「わが家流」のリストに仕上げてみてください。リストにすると「毎日これだけのことをやっているんだ！」と把握することができ、家族の育児分担にも活用できます。

　「お出かけ準備」「健診の準備」では、事前にしておくことと当日の持ち物をまとめました。子どもが小さいうちは持ち物も準備もたくさんあるので、必須事項に目を通しておくと慌てません。家族がお出かけ準備に慣れていない場合でも、ひとつひとつ説明しなくてもリストを見て準備をしてもらえます。

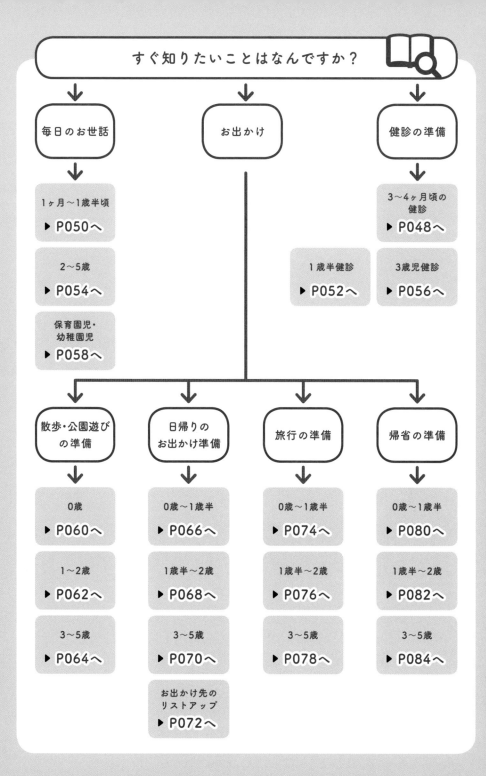

すぐ知りたいことはなんですか？

毎日のお世話

1ヶ月〜1歳半頃
▶ P050へ

2〜5歳
▶ P054へ

保育園児・
幼稚園児
▶ P058へ

お出かけ

健診の準備

3〜4ヶ月頃の
健診
▶ P048へ

1歳半健診
▶ P052へ

3歳児健診
▶ P056へ

散歩・公園遊び
の準備

0歳
▶ P060へ

1〜2歳
▶ P062へ

3〜5歳
▶ P064へ

日帰りの
お出かけ準備

0歳〜1歳半
▶ P066へ

1歳半〜2歳
▶ P068へ

3〜5歳
▶ P070へ

お出かけ先の
リストアップ
▶ P072へ

旅行の準備

0歳〜1歳半
▶ P074へ

1歳半〜2歳
▶ P076へ

3〜5歳
▶ P078へ

帰省の準備

0歳〜1歳半
▶ P080へ

1歳半〜2歳
▶ P082へ

3〜5歳
▶ P084へ

3〜4ヶ月頃の健診の準備

多くの自治体で行われている3〜4ヶ月頃の健診の内容と準備リストを
チェックしましょう。

★赤ちゃんが生後3〜4ヶ月頃に受ける健診は、ほとんどの自治体で行われています。3〜4ヶ月頃の健診の目的は、赤ちゃんの健康状態を確認すること。また子育て支援機関とママをつないだり、授乳や離乳食についてのアドバイスを行うといった目的もあります。

【3〜4ヶ月健診の主な内容】
● 体重・身長・頭位・胸囲の測定 ●追視などの確認 ●仰向け時の姿勢の確認
● 首のすわり具合の確認 ●顔を横にしたときの体の動きの確認
● 縦抱き・横抱きしたとき、うつぶせの姿勢の確認 ●聴覚の確認 ●表情や動作の確認
● 反応して笑うなどの確認 ●問診（あらかじめ配布された問診票をもとに保健師と面談）

※内容は自治体により異なります。

★身体測定や医師による問診などがあるため、赤ちゃんのお腹を見せたり、裸にしたりする必要があります。そのため、赤ちゃんは着替えさせやすい服装にしてあげるといいでしょう。

★健診にかかる時間は自治体によって異なりますが、1時間程度が目安です。待ち時間が長くなる場合もあるので、時間には余裕を持っておくのがおすすめです。

【乳幼児健診の種類】
◎1歳半健診、3歳児健診：法律で定められており必ず行われる
○3〜4ヶ月健診：ほとんどの自治体で行われている
○6〜7ヶ月健診、9〜10ヶ月健診：自治体によって行われている
○2歳児歯科健診、5歳児健診、その他：行う自治体もある

産前

0歳

1歳

2歳

3歳

4歳

5歳

3〜4ヶ月頃の健診の準備

※必要なものは自治体によって異なることがあります。
自治体からのお知らせ内容と違う点があれば下のリストに追加しましょう。

▶前日までにすること

☐ 問診票の記入

☐ 赤ちゃんのことで気になることのメモ

（例：ミルクの吐き戻しが多いなど）

☐ ....
☐ ....
☐ ....
☐ ....

※気になることは日頃からメモしておきましょう。問診票に記入するときに役立ちます。

▶当日の持ち物

☐ 母子手帳

☐ 問診票

その他、案内状に書かれているものを書き込みましょう！

☐ ....
☐ ....
☐ ....

☐ おむつセット
（おむつ・おしりふき・ビニール袋・おむつ替えシート）
※身体測定で交換することが多いので少し多めに持って行きましょう。

☐ 授乳ケープ

☐ ミルクセット
（粉ミルク・お湯・お水／液体ミルク、哺乳瓶）

☐ 着替えセット（肌着、服、スタイ）

☐ ガーゼやタオル

☐ ビニール袋

☐ おもちゃやおしゃぶりなど
（待ち時間が長い場合に備えて）

☐ 抱っこ紐・ベビーカー

☐ 貴重品（財布・カギ）

☐ 携帯電話

☐ ハンカチ・ティッシュなど

乳児の毎日のお世話

赤ちゃんの成長とともにすることが増えたら、お世話リストも更新して家族と共有しましょう。

産前

0歳

1歳

2歳

3歳

4歳

5歳

［生後 1 〜 4 ヶ月頃］

徐々に昼夜の区別がつき、日中起きている時間が増えて睡眠リズムが整っていきます。首すわりは3ヶ月頃から。

［生後 5 〜 6 ヶ月頃］

離乳食が始まるのが大きなポイントです。この頃から夜泣きが始まる子も。できるだけ生活リズムを整え、朝の光を浴びること、日中たっぷり遊ばせることがよいとされています。

［生後 10 ヶ月頃］

後追いが始まることが多い時期。家事の時間を極力減らし、トイレに行くときは声をかける、危ない場所はガードするなど対応を。

［1 歳頃］

個人差が大きいですが、歩き始める子が多い頃。歩き始めたら子どもの足に合った靴を用意して、外を一緒に歩いてみましょう。

［1 歳半頃］

離乳食の完了期。この頃に卒乳・断乳を考える人も。運動機能が発達する時期なので、歩く機会を増やしてあげましょう。

※赤ちゃんの成長には大きな個人差があります。発達の段階はあくまで目安です。

乳児の毎日のお世話分担表

毎日のお世話の時間や担当者を書き込んで表を完成させましょう。
p227 の家事分担表と併せてチェックしてください。

p227 の家事分担表

	10:00	離乳食の準備	パパ ママ ○

	時間	やること	担当者
朝		□起床後のおむつ替え	
		□起床後の着替え	
		□顔を拭く	
		□スキンケア	
		□髪を整える	
		□歯磨き	
		□外気浴／外遊び	
	そのつど	□服が汚れたら着替えさせる	
		□朝寝の寝かしつけ	
朝〜夕		□離乳食の準備 ※開始したら（1〜3回）	
	そのつど	□離乳食の介助	
	そのつど	□離乳食後、手と口を拭く	
	そのつど	□離乳食の片づけ	
		□授乳・ミルク	
		□ミルクの調乳と 哺乳瓶の洗浄・消毒 （ミルク・混合の場合）	

	時間	やること	担当者
朝〜夕	そのつど	□おしっこのおむつ替え	
	そのつど	□うんちおむつ替え	
	そのつど	□泣いたら抱っこする・あやす	
	そのつど	□一緒に遊ぶ	
		□お昼寝の寝かしつけ	
		□おやつ ※月齢に応じて	
	その他		
夜		□お風呂の準備	
		□お風呂に入れる	
		□入浴後のスキンケア	
		□おむつ・パジャマを着せる	
		□髪を乾かす	
		□授乳／水分補給をさせる	
		□歯磨き	
		□寝かしつけ	
		□夜間の授乳・ミルク	
		□夜泣き対応 ※始まったら	
	その他		

1歳半健診の準備

歯科健診や発達のチェックがある1歳半健診。育児でわからないことや不安なことがあればこの機会に相談しましょう。

★1歳半健診とは、法律により定められた、すべての1歳6ヶ月児を対象とした健康診断のことです。保健センターなどで集団で行われることが多く、身体面・精神面の成長や言葉の発達を診ること、歯の健診を行って虫歯を予防することなどが主な目的です。

【1歳半健診の主な内容】
● 身体面の発達・健康状態・歯の状態の確認
● 精神面の発達の確認（イラストの指差しや積み木など）
● 問診（あらかじめ配布された問診票をもとに保健師と面談）

★健診により発達相談などを勧められた場合、最初は戸惑う方もいるかもしれませんが、親として大切なことはほかの子との比較ではなく、まずは子ども自身の成長を認めていくことです。「遅れの指摘」「発達の指摘」ではなく、「もっと子どもが楽しく過ごせる方法がわかる！」「親がラクに楽しく子育てできる方法を教えてもらえる」と受け止めてみてくださいね。

★問診で育児の困りごとを聞いてもらうことで心がラクになったり、市区町村によっては子育てグループがあり、「大変なのは自分だけじゃない」と安心することも。1歳半健診は子育てに前向きになれる、子どもに必要なことを提供してもらえる大事な機会です。

産前
0歳
1歳
2歳
3歳
4歳
5歳

1歳半健診の準備

※必要なものは自治体によって異なることがあります。
自治体からのお知らせ内容と違う点があれば下のリストに追加しましょう。

▶前日までにすること

☐ 問診票の記入

☐ 子どものことで気になることのメモ

（例：かみ合わせが反対になっている、言葉が遅い気がするなど）

☐ _____

☐ _____

☐ _____

☐ _____

※気になることは日頃からメモしておきましょう。問診票に記入するときに役立ちます。

▶当日の持ち物

☐ 母子手帳

☐ 問診票

☐ 普段使用している歯ブラシ
（歯科検診がある場合）

その他、案内状に書かれているものを書き込みましょう！

☐ _____

☐ _____

☐ _____

☐ おむつセット
（おむつ・おしりふき・ビニール袋・おむつ替え
シート）

☐ 子どもの飲み物・軽食

☐ 授乳ケープ（必要に応じて）

☐ 着替えセット
（肌着、上下服、靴下）

☐ ガーゼやタオル

☐ ビニール袋

☐ おもちゃや絵本
（待ち時間が長い場合に備えて）

☐ 抱っこ紐・ベビーカー

☐ 貴重品（財布・カギ）

☐ 携帯電話

☐ ハンカチ・ティッシュなど

幼児の毎日のお世話

子どもが卒乳・断乳をしたら、1日の生活リズムも大きく変わります。ここでは幼児期の成長とお世話のポイントをご紹介します。

産前

0歳

1歳

2歳

3歳

4歳

5歳

［2歳頃］

自我が強くなり、「自分でやりたい！」気持ちが出てきます。イヤイヤ期に突入するのもこの頃。着替えや洗濯物たたみむなど、やりたがることは積極的に挑戦させてあげましょう。まだ上手くできないことも多いので、助けを求めてきたらサポートを。また、個人差はありますが2〜3歳頃はトイレトレーニングを始める家庭が多い時期です。日々のお世話の中にトイレの付き添いが加わります。

［3歳頃］

コミュニケーション能力が発達、社会性が高まる時期です。イヤイヤ期も3歳半ばくらいまでに徐々に落ち着いてきます。また、トイレトレーニングが進むと、昼間はパンツに移行する子が増えてきます。

［4歳頃］

昼間のおしっこがトイレで上手にできるようになりますが、まだ昼におもらしをしてしまうことも。遊びが多様化する時期です。

［5歳頃］

身の回りのことがほぼひとりでできるようになります。箸も使いだし、食事の食べこぼしも減ってきます。個人差がありますが、ひらがなを読めるようになったり、書くことに興味が出てくる子も。

※子どもの成長には大きな個人差があります。発達の段階はあくまでも目安です。

幼児の毎日のお世話分担表

毎日のお世話の時間や担当者を書き込んで表を完成させましょう。
保育園児・幼稚園児の休日のお世話分担表としても使えます。
p227 の家事分担表と併せてチェックしてください。

パパ　ママ
例　10:00　子どもの昼食準備　　　　　　　　○

	時間	やること	担当者	
朝		□起床後のおむつ替え／トイレに付き添う		
		□起床後の着替え		
		□顔を洗わせる／拭く		
		□子どもの朝食準備		
		□朝食の介助		
		□朝食後手を洗わせる		
		□朝食の片づけ		
		□歯磨き		
		□スキンケア		
		□髪を整える		
	その他			
昼		□公園や散歩など外遊び		
		□水分補給をさせる		
	そのつど	□服が汚れたら着替え		
		□子どもの昼食準備		
		□昼食の介助		
		□昼食後手を洗わせる		
		□昼食の片づけ		
		□お昼寝の寝かしつけ		
		□おやつの準備		
	そのつど	□おやつの片づけ		

	時間	やること	担当者	
昼		□トイレへ誘い、付き添う　※トイレトレーニング中		
	そのつど	□イヤイヤへの対応　※イヤイヤ期中		
	その他			
夜		□夕食準備		
		□夕食の介助		
		□夕食後手を洗わせる		
		□夕食の片づけ		
		□一緒に遊ぶ		
		□お風呂の準備		
		□お風呂に入れる		
		□入浴後のスキンケア		
		□パジャマを着せる		
		□髪を乾かす		
		□水分補給をさせる		
		□歯磨き		
		□トイレに付き添う		
		□寝かしつけ		
		□夜間のトイレ付き添い		
	そのつど	□おねしょの対応		
	その他			

外出準備

3歳児健診の準備

受けなければならない健診はこれが最後。心配なことがあれば対応できる
よい機会なので、相談してみましょう。

★3歳児健診は3歳になってから2〜3ヶ月以内に受診することが
一般的です。1歳半健診と同じく法律によって定められているため、
すべての自治体で実施されます。集団で健診を受ける場合と、自治
体が指定した病院などで個別に健診を受ける場合がありますが、多
くの自治体では集団での健診が行われています。

★3歳児健診では、健康面やコミュニケーションの発達のほか、社
会性の発達の確認が主になります。

【3歳児健診の主な内容】
● 身体面の発達・健康状態・歯の状態の確認
● 運動面の確認
● 精神面の発達・コミュニケーションの確認
● 保護者の子育ての困りごとの確認
● 問診（あらかじめ配布された問診票をもとに保健師と面談／市区町村によっては対面での遊びで様
　子をみる）
● 事前に家庭で聴覚や視力チェックをする必要がある市区町村も（できないときは無理
　せず相談を）

★子どもの成長具合を確認でき、健診を通じて心配なことが見つか
れば早めに治療に取りかかることもできる大事な機会です。次の就
学前健診まで期間があくため、必ず行って気になることは小さなこ
とでも相談しましょう。また1歳半健診と同じで、ほかの子との比
較ではなく、子ども自身の成長に目を向けるようにしましょう。

3歳児健診の準備

※必要なものは自治体によって異なることがあります。
自治体からのお知らせ内容と違う点があれば下のリストに追加しましょう。

▶前日までにすること

☐ 問診票の記入

☐ 子どものことで気になることのメモ

（例：かんしゃくがひどい、食が細くて心配など）

☐ ....
☐ ....
☐ ....
☐ ....

※気になることは日頃からメモしておきましょう。問診票に記入するときに役立ちます。

▶当日の持ち物

☐ 母子手帳

☐ 問診票
※気になる行動や体の状態を記録した動画・写真があれば持参しましょう。

☐ 普段使用している歯ブラシ
（歯科健診がある場合）

その他、案内状に書かれているものを書き込みましょう！

☐ ....
☐ ....
☐ ....

☐ おむつセット
（おむつ・おしりふき・ビニール袋・おむつ替えシート）※必要に応じて

☐ 着替えセット
（肌着、上下服、靴下、トレーニングパンツなど）

☐ 子どもの飲み物・軽食

☐ ガーゼやタオル

☐ マスク（感染症対策のため）

☐ ビニール袋

☐ おもちゃや絵本
（待ち時間が長い場合に備えて）

☐ 貴重品（財布・カギ）

☐ 携帯電話

☐ ハンカチ・ティッシュなど

保育園児・幼稚園児の登園日にすること

子どもが集団生活を始めると朝晩のスケジュールが固定化してきます。
家族で分担が偏っていないかチェックしましょう。

産前

0歳

1歳

2歳

3歳

4歳

5歳

★子どもが保育園・幼稚園に行き始めると、朝は登園時間に間に合うように準備をし、帰宅後は子どもが寝る時間までに逆算して家事とお世話をこなすことになります。子どもの人数が多いとやることも2倍、3倍になります。

★毎日の家事育児をメインで担っている人は、一緒に暮らしている家族にも「これだけのことをやっている」とわかってもらえないことが多いものです。毎日の登園準備や子どものお世話・家事をするのが誰かに偏りすぎないように、一度子どものお世話で必要なことを見える化して家族で話し合ってみましょう。

★家事の内容や子どもの人数は各家庭でさまざまです。右の表をベースに毎日することを洗い出し、朝の項目と夜の項目がそれぞれいくつあるのかを数えてみましょう。

★毎日することをリストアップすると、家族での分担に役立つのはもちろん、「自分は毎日これだけのことをこなしているんだ」とわかり、自分のことを認める気持ちにもつながります。

保育園児・幼稚園児の登園日のやること分担表

登園準備と帰宅後にやることと時間を書き込んで表を完成させ、
家族で分担を話し合ってみましょう。

例　8:30　登園

パパ　ママ
○　　○

	時間	やること	担当者	
登園前		□起床後のおむつ替え／トイレに付き添う		
		□起床後の着替え		
		□顔を洗わせる／拭く		
		□子どもの朝食準備		
		□朝食の介助		
		□朝食後手を洗わせる		
		□朝食の片づけ		
		□体温を測る		
		□連絡ノート書き		
		□歯磨き		
		□スキンケア		
		□髪を整える		
		□登園バッグの準備		

▶持ちものリスト

□		□	
□		□	
□		□	
□		□	

	時間	やること	担当者	
		□アウター／帽子着用		
		□登園		
その他				

	時間	やること	担当者	
降園後		□お迎え		
		□手洗い・うがい		
		□夕食準備		
		□夕食の介助		
		□夕食後手を洗わせる		
		□夕食の片づけ		
		□一緒に遊ぶ		
		□お風呂の準備		
		□お風呂に入れる		
		□入浴後のスキンケア		
		□パジャマを着せる		
		□髪を乾かす		
		□水分補給をさせる		
		□歯磨き		
		□トイレに付き添う		
		□寝かしつけ		
		□夜間のトイレ付き添い		
		□おねしょの対応		
その他				

お出かけ準備

▶ 0歳

散歩・公園遊びの準備〈0歳〉

赤ちゃんにとってお散歩は刺激がいっぱい。最初は短い時間からスタートし、少しずつ時間を延ばして。

★1ヶ月健診で問題がなければ、赤ちゃんを抱っこしたりベビーカーに乗せたりして、家の周りを歩いてみることからお散歩をスタートさせてみましょう。生後1ヶ月くらいの赤ちゃんにとっては、家の外にちょっと出るだけでも多くの刺激が得られます。慣れてきたら、少しずつ距離や時間を伸ばしていきましょう。

★うんち、授乳のタイミングをできるだけ避けるように計算して出かけると、途中で慌てて家に戻ることもなくスムーズに散歩ができます。少し遠くに出かけるときは、授乳やおむつ替えができる場所を確認しておくと安心です。

【赤ちゃんとの散歩におすすめの時間帯】

- 春…午前中から昼過ぎ
- 夏…早朝または夕方
- 秋…午前中から昼過ぎ
- 冬…昼過ぎ

★時間帯はあくまで目安です。無理に時間帯に合わせて散歩するのではなく、その日の気候や赤ちゃんの機嫌や体調を見て、昼寝や授乳の時間を優先しつつ判断するようにしましょう。

散歩・公園に行くときの準備リスト〈0歳〉

▶ 家を出る前の準備

通年

- ☐ 靴下・靴をはかせる
  （あんよが始まったら）
- ☐ 帽子をかぶせる

- ☐ ....
- ☐ ....

夏

- ☐ 虫除けスプレーをする
  （月齢に合ったもの）
- ☐ 日焼け止めを塗る
  （月齢に合ったもの）

- ☐ ....
- ☐ ....

冬

- ☐ アウターを着せる

- ☐ ....
- ☐ ....

▶ 持ち物

- ☐ 抱っこ紐・ベビーカー
- ☐ 手を拭くハンカチ・ガーゼ・タオル
- ☐ ティッシュ・ウエットティッシュ
- ☐ ビニール袋
- ☐ 貴重品（財布・カギ）
- ☐ 携帯電話
- ☐ ....
- ☐ ....
- ☐ ....

【家から離れたところに行くときは追加しよう！】

- ☐ おむつセット
  （おむつ・おしりふき・ビニール袋・おむつ替えシート）
- ☐ 授乳ケープ
- ☐ ミルクセット
  （粉ミルク・お湯・お水／液体ミルク、哺乳瓶）
- ☐ 着替えセット
  （肌着・服・スタイ）
- ☐ ....
- ☐ ....
- ☐ ....

🔖 公園 Memo

☐ _____ 公園		☐ _____ 公園		☐ _____ 公園	
トイレの有無	有・無	トイレの有無	有・無	トイレの有無	有・無
おむつ替えスペースの有無	有・無	おむつ替えスペースの有無	有・無	おむつ替えスペースの有無	有・無
授乳する場所	有・無	授乳する場所	有・無	授乳する場所	有・無
〈コメント〉		〈コメント〉		〈コメント〉	

公園遊びの準備
〈1〜2歳〉

あんよが始まると遊びが広がります。公園でどんなことをして遊ぶといい かをチェックしてみましょう。

★1歳を過ぎ、自分で歩けるようになると、遊具に興味を持ったり、 ボールで遊んだり、公園遊びがより広がりを見せます。興味に応じ て外遊びグッズを用意して行きましょう。

【ボール遊び】

1歳児でもボールで楽しく遊ぶことができます。勢いよく投げた りはできなくても、手で握ったり、地面や床に転がすだけでOK。

【水遊び】

公園の水場で手を洗ったり、じょうろで水まきをしたりするだけ でも楽しいもの。夏場に開放される公園の「じゃぶじゃぶ池(水深 10cm程度の徒歩池)」も人気ですが、おむつが取れてからでないと入 れない場合もあるので確認を。

【砂遊び】

1歳半頃からは、砂場遊びもおすすめです。砂場で砂をぎゅっと 握ったりする刺激は、赤ちゃんの脳の発育にとってもよいことです。 服が汚れないように、ナイロン製のお砂場着を着せるママもいます。

★このほかにも、しゃぼん玉や追いかけっこ、乳幼児向けのブラン コをしても。子どもから目を離さない、フードや紐つきの服は着せ ないなど、安全面にも配慮しましょう。

公園に行くときの準備リスト〈1〜2歳〉

▶ 家を出る前の準備

通年	夏	冬
☐ 靴下・靴をはかせる	☐ 虫除けスプレーをする（子どもが使えるもの）	☐ アウターを着せる
☐ 帽子をかぶせる	☐ 日焼け止めを塗る（子どもが使えるもの）	

☐ _____
☐ _____

☐ _____
☐ _____

☐ _____
☐ _____

▶ 持ち物

☐ 抱っこ紐・ベビーカー
☐ 手を拭くハンカチ・ガーゼ・タオル
☐ ティッシュ・ウエットティッシュ
☐ ビニール袋
☐ 公園遊びセット（ボール、お砂場セット、しゃぼん玉など）
☐ お砂場着（あれば）
☐ 応急処置セット（絆創膏など）
☐ 飲み物
☐ 貴重品（財布・カギ）
☐ 携帯電話

【家から離れた公園に行くときは追加しよう！】

☐ おむつセット（おむつ・おしりふき・ビニール袋・おむつ替えシート）
☐ 着替えセット（肌着・上下服・靴下）
☐ おやつ
☐ _____
☐ _____
☐ _____
☐ _____
☐ _____
☐ _____
☐ _____

公園Memo

☐ _____ 公園	☐ _____ 公園	☐ _____ 公園
トイレの有無　有・無	トイレの有無　有・無	トイレの有無　有・無
おむつ替えスペースの有無　有・無	おむつ替えスペースの有無　有・無	おむつ替えスペースの有無　有・無
小さい子向け遊具の有無　有・無	小さい子向け遊具の有無　有・無	小さい子向け遊具の有無　有・無
〈コメント〉	〈コメント〉	〈コメント〉

公園遊びの準備〈3〜5歳〉

3〜5歳児は元気いっぱいに動き回る時期。公園では乗り物に乗ったり、自然を感じられる遊びを取り入れるのもおすすめです。

【三輪車、キックボード、ペダルなし自転車】

遊びながら自転車に乗る前の体の使い方を練習できておすすめです。ヘルメットを着用して、公園や広場のような安全な場所で乗るようにしましょう。

【○○集め】

石や葉っぱ、どんぐり、ダンゴ虫など、外に落ちているものや生物を収集すると、季節を感じながら自然と関わることができます。

【追いかけっこ、鬼ごっこ】

4〜5歳になると集団で遊べるようになります。鬼ごっこやかくれんぼは、友達とも大人とも楽しめて、コミュニケーションをとるのにぴったり。缶けりや、色鬼、氷鬼など、大人が子どもの頃にした遊びを教えてあげてもいいですね。3歳頃はルールを理解するのがまだ難しいので、追いかけっこがおすすめです。

【バランスゲーム（4〜5歳）】

遊具に一本橋のようなものがあったら、挑戦させてみましょう。バランス感覚が養われる時期なので、練習すると渡れるように。

★子どもから目を離さない、フードや紐つきの服は着せないなど、安全面にも配慮しましょう。

公園に行くときの準備リスト〈3〜5歳〉

▶ 家を出る前の準備

通年
- ☐ 靴下・靴をはかせる
- ☐ 帽子をかぶせる
- ☐ ....
- ☐ ....

夏
- ☐ 虫除けスプレーをする（子どもが使えるもの）
- ☐ 日焼け止めを塗る（子どもが使えるもの）
- ☐ ....
- ☐ ....

冬
- ☐ アウターを着せる
- ☐ ....
- ☐ ....

▶ 持ち物

- ☐ 手を拭くハンカチ・タオル
- ☐ ティッシュ・ウエットティッシュ
- ☐ 公園遊びセット（ボール、お砂場セット、しゃぼん玉など）
- ☐ 三輪車、キックボード、ペダルなし自転車など・ヘルメット（あれば）
- ☐ バケツやビニール袋（どんぐりなどを集める）
- ☐ 応急処置セット（絆創膏など）
- ☐ 飲み物
- ☐ 貴重品（財布・カギ）
- ☐ 携帯電話

【家から離れた公園に行くときは追加しよう！】

- ☐ おむつセット（おむつ・おしりふき・ビニール袋・おむつ替えシート）
- ☐ 着替えセット（肌着・上下服・靴下・トレーニングパンツなど）
- ☐ おやつ
- ☐ ....
- ☐ ....
- ☐ ....
- ☐ ....
- ☐ ....
- ☐ ....

✎ 公園 Memo

☐ _____公園	☐ _____公園	☐ _____公園
トイレの有無　有・無	トイレの有無　有・無	トイレの有無　有・無
球技　　　　　○・×	球技　　　　　○・×	球技　　　　　○・×
乗り物持ち込み　○・×	乗り物持ち込み　○・×	乗り物持ち込み　○・×
〈コメント〉	〈コメント〉	〈コメント〉

日帰りのお出かけ準備
〈0歳〜1歳半〉

日帰りでの遠出は授乳中や離乳食の期間中だと荷物が多く、意外と準備が大変。リストアップして家族で準備を分担しましょう。

産前

0歳

1歳

2歳

3歳

4歳

5歳

★赤ちゃんと外出をするときは、特に出発前が慌ただしいですよね。マザーズバッグに入れるものは前日や当日の朝早めに確認して、家族で準備の分担を相談しておくとスムーズです。

★赤ちゃんによって必要な持ち物が変わるので、ぜひ書き足しをして「わが家の持ち物リスト」をつくってみてください。リストを見ながらバッグに詰めていくだけなので、誰でも準備ができるようになります。

★赤ちゃんの荷物を入れる「マザーズバッグ」を選ぶときは、中身が取り出しやすく、軽く、持ちやすいものがおすすめ。人気があるのは両手があくリュック。上部が大きく開き、ものを出し入れしやすいリュックを選ぶと使いやすいです。ママ・パパどちらも持ちやすいデザインにすると夫婦で使えますよ。

★赤ちゃんが成長するにつれて、お出かけに必要なものや量はどんどん変わっていきます。月齢や成長に合わせて、何をどれくらい使うのか確認しながら持っていくようにしましょう。

日帰りのお出かけ準備リスト
－ 0歳～1歳半 －

▶ 家を出るまでの準備

〈赤ちゃん〉

☐ スキンケア

☐ おむつ替え

☐ 着替え

☐ 離乳食・授乳

☐ 歯磨き

☐ 防寒をする
（冬）

☐ 紫外線対策
（夏で屋外の場合）

☐ 虫刺され予防
（夏で屋外の場合）

〈大人〉

☐ お出かけ先までにかかる時間の確認

☐ 家を出る時間の確認

☐ 天気予報のチェック

出かける前にしておきたい家事を書こう！

☐ ....

☐ ....

☐ 戸締り （窓・勝手口・玄関）

〈その他〉

☐ ....

▶ 持ち物

☐ ベビーカー・抱っこ紐

☐ おむつセット （おむつ、おしりふき、
ビニール袋、おむつ替えシート）

☐ 授乳ケープ

☐ ミルクセット （粉ミルク・お湯・
水／液体ミルク、哺乳瓶）

☐ 着替えセット （肌着・服・スタイ）

☐ ガーゼやタオル

☐ ビニール袋

☐ 母子手帳・保険証・乳幼児医療証

☐ 貴重品 （財布・カギ）

☐ 携帯電話・カメラ

☐ ハンカチ

☐ ティッシュ・ウエットティッシュ

☐ 除菌シート

［離乳食が始まったら］

☐ 離乳食セット （ベビーフード、スプーン・
フォーク、食事エプロン、ビニール袋）

☐ マグや紙パックの飲み物
（ミルク以外からも水分を補給している場合）

☐ おやつ （月齢にあわせて）

［必要に応じて］

☐ ブランケットや
おくるみ

☐ スタイ

☐ ショルダーバッグ

☐ おもちゃ・
小さな絵本

☐ 靴・靴入れ袋

※よく使うものや貴重品は、別のバッグに分けておくと便
利です。

［その他］

☐ .... ☐ ....

☐ .... ☐ ....

☐ .... ☐ ....

日帰りのお出かけ準備〈1歳半〜2歳〉

イヤイヤ期のお出かけには、気持ちを切り替えるアイデアをいくつか用意しておくのがおすすめです。

★この頃は「イヤイヤ期」が始まることも多く、お出かけ先で癇癪（かんしゃく）を起こしたり、思い通りにならない場面で寝そべって大泣きする、というような姿が見られるかもしれません。周りの迷惑になると困ってしまいますよね。基本的には子どものペースに合わせて気持ちを受け止めてあげたいものですが（詳しくはP116）、お出かけ先での対処法としては、次のようなものがあります。

【事前に予定を伝える】

写真を見せながら「車でおばあちゃんのお家に行くよ。ごはんを食べたら、お家に帰るよ」などと話して見通しを立てやすくします。

【気持ちを代弁してあげる】

「もっと遊びたかったんだね」「こっちへ行きたんだね」と子どもが感じていることを代弁して共感してあげます。親が自分の気持ちを理解してくれているとわかると、満足して落ち着くことも。

【気分を変えさせてみる】

イヤイヤ期の子どもはコロコロ気が変わることが多いもの。「パパとあそこまで競争しよう！」「お外の景色を見てみよう」など、子どもが興味を持ちそうな提案をしてみましょう。

★持ち物はお出かけ先で食べるおやつのほか、家で食べる予定のおやつの空き箱もバッグに入れておき、家に帰るのをイヤがるときに「お家に帰ってこれを食べよう」と誘うのもおすすめです。

日帰りのお出かけ準備リスト
ー 1歳半〜2歳 ー

▶ 家を出るまでの準備

〈子ども〉
- ☐ スキンケア
- ☐ おむつ替え
- ☐ 着替え
- ☐ 朝食を食べさせる
- ☐ 歯磨き
- ☐ 防寒をする（冬）
- ☐ 紫外線対策（夏で屋外の場合）
- ☐ 虫刺され予防（夏で屋外の場合）

〈大人〉
- ☐ お出かけ先までにかかる時間の確認
- ☐ 家を出る時間の確認
- ☐ 天気予報のチェック

出かける前にしておきたい家事を書こう！
- ☐ ....
- ☐ ....
- ☐ 戸締り（窓・勝手口・玄関）

〈その他〉
- ☐ ....
- ☐ ....

▶ 持ち物

- ☐ ベビーカー・抱っこ紐
- ☐ おむつセット（おむつ・おしりふき・ビニール袋・おむつ替えシート）
- ☐ 着替えセット（肌着、上下服、靴下）
- ☐ ガーゼやタオル
- ☐ ビニール袋
- ☐ 飲み物
- ☐ おやつ
- ☐ 母子手帳・保険証・乳幼児医療証
- ☐ 貴重品（財布・カギ）
- ☐ 携帯電話・カメラ
- ☐ ハンカチ
- ☐ ティッシュ・ウエットティッシュ
- ☐ 除菌シート

［必要に応じて］
- ☐ ショルダーバッグ

※よく使うものや貴重品は、別のバッグに分けておくと便利です。
- ☐ おもちゃ・小さな絵本

［その他］
- ☐ ....
- ☐ ....
- ☐ ....
- ☐ ....
- ☐ ....
- ☐ ....
- ☐ ....

日帰りのお出かけ準備〈3〜5歳〉

3歳〜5歳児はおむつのはずれる子が多くなり、イヤイヤ期も落ち着いてきます。子どもの興味が広がるところに行ってみましょう。

産前
0歳
1歳
2歳
3歳
4歳
5歳

★おむつが取れると、お出かけの際にママ・パパの持ち物がぐっと減ります。自分でバッグを持ちたがる子もいるので、子ども用にリュックを用意して自分の荷物を自分で持たせてあげるのもおすすめです。

★子ども用のリュックを選ぶポイントは、肩紐が食い込みにくく、軽く、背中の通気性があること。サイズは、2〜3歳頃は4〜5L程度がおすすめです。4〜5歳頃からはひとまわり大きい5〜10Lサイズを選ぶと長く使えそうですね。リュックによってサイズや容量は異なるので、子どもの体に合ったものを探しましょう。

Mini Column みんなの体験談！

お出かけや帰省・旅行に役立ったおもちゃは？

「3〜5歳くらいは、小さなお絵かきボードを持って行き、絵を描いてクイズしたりして遊びました」──────────────────────────（あんパパ）

「まだ遊ばせていないミニカーを必ずストックしておいて、外出先でぐずったときに渡していました」──────────────────────（よいちパパ）

「新幹線で無料のカタログを見せると1時間は持ちます。これで帰省がすごくラクになりました」──────（たんたん）

「お泊りのときに絵本があると、寝る前の習慣が崩れなくてよかったです」──────（まめ）

日帰りのお出かけ準備リスト
― 3歳～5歳 ―

▶ **家を出るまでの準備**

〈子ども〉
- ☐ スキンケア
- ☐ おむつ替え／トイレ
- ☐ 着替え
- ☐ 朝食を食べさせる
- ☐ 歯磨き
- ☐ 防寒をする（冬）
- ☐ 紫外線対策（夏で屋外の場合）
- ☐ 虫刺され予防（夏で屋外の場合）

〈大人〉
- ☐ お出かけ先までにかかる時間の確認
- ☐ 家を出る時間の確認
- ☐ 天気予報のチェック

出かける前にしておきたい家事を書こう！
- ☐ ....
- ☐ ....
- ☐ 戸締り（窓・勝手口・玄関）

〈その他〉
- ☐ ....
- ☐ ....

▶ **持ち物**

- ☐ おむつセット（おむつ・おしりふき・ビニール袋・おむつ替えシート）
  ※おむつがとれるまで
- ☐ 着替えセット（肌着、トレーニングパンツ、上下服、靴下）
- ☐ ビニール袋
- ☐ 母子手帳・保険証・乳幼児医療証
- ☐ 貴重品（財布・カギ）
- ☐ 携帯電話・カメラ
- ☐ ハンカチ
- ☐ ティッシュ・ウエットティッシュ
- ☐ 除菌シート、マスク

［子どものリュックに入れる］
- ☐ ミニタオルやタオルハンカチ
- ☐ 飲み物
- ☐ おやつ
- ☐ おもちゃ・小さな絵本など

［その他］
- ☐ ....
- ☐ ....
- ☐ ....
- ☐ ....
- ☐ ....
- ☐ ....

休みの日のお出かけ先を
リストアップ

行ってみたい場所やイベントをリストアップしておくと、家族で休みの日の計画が立てやすくなります。

産前

0歳

★普段仕事や育児に忙しい方は、お休みの日を迎えてから「家族でお出かけしたいけれど、どこに行こう?」と迷うこともあるのではないでしょうか。施設や時期によっては事前予約が必要だったり、年齢制限がある場合もあるので、行ってみたいスポットをリストアップしておき、家族でスケジュールを確認して「この日に○○へ行こう」と計画を立てられると理想的ですね。赤ちゃんのうちは授乳室やおむつ替えのできるトイレがあるかもチェックしましょう。

1歳

★子どもが1〜2歳くらいになると、離乳食も一段落し、テーマパークや人気キャラクターの施設へ行くことを計画するママ・パパもいます。3歳以下は入園料が無料の施設もあるので、近くの人気スポットの情報を調べてみましょう。

2歳

3歳

★市区町村で実施しているイベントや、地域のイベント、デパートやお店で実施されている子ども向けのイベントもいろいろあります。チラシや広報などで気になるものを見つけたら、リストに書き込んだりスマホで共有したりして、どこかに残しておきましょう。

4歳

5歳

★感染症が心配な時期はお出かけを控えたり、すいているスポットや時間に行くようにしたり、感染症対策をしっかりしましょう。

休みの日のお出かけ先リスト

▶人気のお出かけスポット

- ☐ 子育て広場、児童館
- ☐ 公園・アスレチック
- ☐ プール・じゃぶじゃぶ池・川（夏）
- ☐ 動物園
- ☐ 水族館
- ☐ 飛行機や電車がよく見える場所
- ☐ 自然と触れ合える場所
- ☐ 子ども向け美術館・博物館
- ☐ 遊園地・人気キャラクターの施設
- ☐ 屋内型キッズ施設
- ☐ テーマパーク

▶行ってみたいスポット（遠出）

- ☐ ....
- ☐ ....
- ☐ ....
- ☐ ....
- ☐ ....
- ☐ ....
- ☐ ....
- ☐ ....
- ☐ ....
- ☐ ....
- ☐ ....

▶行ってみたいスポット（近場）

- ☐ ....
- ☐ ....
- ☐ ....
- ☐ ....
- ☐ ....
- ☐ ....
- ☐ ....
- ☐ ....
- ☐ ....
- ☐ ....

▶雨の日に楽しめるスポット

- ☐ ....
- ☐ ....
- ☐ ....
- ☐ ....
- ☐ ....
- ☐ ....
- ☐ ....
- ☐ ....
- ☐ ....
- ☐ ....

家族で行ってみたい場所を思いついたら、メモしておこう！

お出かけ準備 ▶ 0〜1歳半

赤ちゃんとの旅行準備
〈0歳〜1歳半〉

赤ちゃんと旅行するときは、宿泊先に用意のあるものをチェックしてから
揃えていきましょう。

産前

0歳

1歳

2歳

3歳

4歳

5歳

★赤ちゃん連れの旅行は、「何かあっては困る」と思ってどうして
も持ち物が増えがちです。基本的には、「おむつ」「衣服」「食べ物」
を押さえておき、突然の汚れなども考慮して少し余分に用意するの
がポイントです。

★交通手段によっても準備するポイントが違います。詳しくはP76
をチェックしてください。

★最近では赤ちゃんに必要なものが準備されている宿や宿泊プラン
が増えてきました。

・離乳食を用意してくれる　・子ども用食器の準備がある
・赤ちゃん用の布団がある　・タオルを多めに貸してくれる
・おむつを用意してくれる　・調乳用ポットを貸してくれる

こんなサービスが受けられることも。特に赤ちゃん向けのサービス
がない宿でも、部屋食や部屋風呂などがあると、赤ちゃん連れの旅
行がしやすくなります。

★旅行先にもよりますが、「いざとなれば現地調達！」と思って、あ
まり細かい準備に悩みすぎないようにしましょう。赤ちゃんグッズ
を買える店が道中や宿の近くにないか調べておくのもおすすめです。

赤ちゃんとの旅行準備リスト〈0歳〜1歳半〉

▶ 事前準備

- ☐ 宿の手配
- ☐ 赤ちゃんのもので旅行先に用意されているもの・借りられるものがあるかどうかチェック
- ☐ 交通機関の予約（必要なら）
- ☐ 旅先での移動手段の確認（宿までの送迎やチャイルドシートの有無など）
- ☐ 必要なものの買い物
  - ・_____
  - ・_____
  - ・_____
- ☐ 旅行先までにかかる時間の確認：_____
- ☐ 家を出る時間の確認：_____
- ☐ 留守中の防犯対策：_____

▶ 旅行当日の準備

〈赤ちゃん〉
- ☐ おむつ替え・着替え・スキンケア
- ☐ 離乳食・授乳
- ☐ 歯磨き
- ☐ 防寒をする（冬）

〈大人〉
出かける前にしておきたい家事を書こう！
- ☐ _____
- ☐ _____
- ☐ 天気予報のチェック
- ☐ エアコンを切る
- ☐ 火の元を消す
- ☐ 家の戸締り（窓・勝手口・玄関）

▶ 持ち物

手で持つバッグ

- ☐ おむつセット（おむつ・おしりふき・ビニール袋・おむつ替えシート）
- ☐ 授乳ケープ
- ☐ ミルクセット（粉ミルク・お湯・水／液体ミルク、哺乳瓶）
- ☐ 着替えセット
- ☐ 帽子（防寒／日よけ）
- ☐ ガーゼやタオル
- ☐ ビニール袋
- ☐ 薄めのバスタオル
- ☐ 母子手帳・保険証・乳幼児医療証

［離乳食が始まったら］
- ☐ 離乳食セット（ベビーフード、スプーン・フォーク、食事エプロン）
- ☐ マグや紙パックの飲み物（ミルク以外からも水分を補給している場合）
- ☐ 赤ちゃん用のおやつ

［必要に応じて］
- ☐ ショルダーバッグ
- ☐ チェアベルト
- ☐ 靴・靴入れ袋

- ☐ お薬手帳
- ☐ おもちゃ・絵本
- ☐ 交通機関のチケット（あれば）
- ☐ 貴重品（財布・カギ）
- ☐ 免許証（身分証明証）
- ☐ 携帯電話・カメラ
- ☐ ハンカチ
- ☐ ティッシュ・ウエットティッシュ
- ☐ 除菌シート

［その他］
- ☐ _____
- ☐ _____
- ☐ _____

キャリーケース・ボストンバッグ

- ☐ おむつ____枚
- ☐ ミルク____回分
- ☐ 予備の哺乳瓶・洗剤、スポンジ
- ☐ ベビーフード____食分
- ☐ 着替えセット____日分（肌着、服、靴下）
- ☐ パジャマ

［必要に応じて］
- ☐ 赤ちゃん用の飲み物
- ☐ 哺乳瓶の消毒グッズ
- ☐ 携帯の鼻水吸い器
- ☐ 体温計
- ☐ ブランケットやおくるみ

［その他］
- ☐ _____

- ☐ 予備のタオル
- ☐ ベビー用石鹸
- ☐ スキンケア剤
- ☐ おやつ____日分
- ☐ 大人の着替え、洗面用具、メイク用品
- ☐ 充電器
- ☐ スタイ
- ☐ 赤ちゃん用洗濯洗剤・ベビーハンガー
- ☐ レインカバー（ベビーカー用）
- ☐ レインポンチョ
- ☐ 虫除けスプレー
- ☐ 日焼け止め

バッグ以外（必要に応じて）

- ☐ ベビーカー、抱っこ紐
- ☐ カーシェード
- ☐ チャイルドシート

子どもとの旅行準備 〈1歳半〜2歳〉

交通手段別の準備のポイントと料金の目安をご紹介します。

★子どもとの旅行は、移動手段によって事前に準備することが違ってきます。

🚗 一番のメリットは、荷物をたくさん持っていけることです。チャイルドシートの準備を忘れずに。長時間移動の場合はこまめに休憩をとりましょう。

新幹線 授乳やおむつ替えには多目的室や多目的トイレを使用します。できれば近くに座席が取れると便利です。またベビーカーなど荷物が多いので、最前列か最後列の予約がおすすめです。

※一部車両の最後列に「特大荷物スペースつき座席」があり、事前予約で利用可。

飛行機 条件があえばバシネットを利用ができる場合があるので航空会社に確認しましょう。また子どもの耳の詰まりや痛みを防ぐためには、離着陸時に飲み物を飲ませたりするのがおすすめです。

【交通機関の料金目安】

- 新幹線：未就学児は原則として無料（指定席は有料。またグリーン券、グランクラス券は、年齢にかかわらず大人と同額）。
- 飛行機（国内線）：大人1人につき3歳未満の子ども2人まで同伴でき、1人のみ無料（大人の膝上）で搭乗可能。座席を利用する場合は小児料金が必要。※生後8日以上3歳未満が条件
- 飛行機（国際線）：大人1人につき2歳未満の幼児2人を同伴でき、1人のみ（大人の膝上）大人運賃の10％の運賃で搭乗可能。座席を利用する場合は大人運賃の75％の運賃が必要。※2歳未満が条件　※便によっては運賃の割引率が異なる場合や幼児運賃の設定がない場合もあります。

※2021年2月時点の情報です。航空会社により料金が異なる場合がありますので、詳しくは利用する航空会社のHP等をご確認ください。
※格安航空会社（LCC）では2歳以上は大人と同額の運賃がかかる場合が多くなっています。利用する航空会社によって運賃が異なりますので、HP等を確認してください。

産前 ― 0歳 ― 1歳 ― 2歳 ― 3歳 ― 4歳 ― 5歳

子どもとの旅行準備リスト〈1歳半〜2歳〉

▶事前準備

- [ ] 宿の手配
- [ ] 子どものもので旅行先に用意されているもの・借りられるものがあるかどうかチェック
- [ ] 交通機関の予約（必要なら）
- [ ] 旅行での移動手段の確認（宿までの送迎やチャイルドシートの有無など）
- [ ] 必要なものの買い物
  - ....
  - ....
  - ....
- [ ] 旅行先までにかかる時間の確認：
- [ ] 家を出る時間の確認：
- [ ] 留守中の防犯対策：

▶旅行当日の準備

〈子ども〉

- [ ] おむつ替え・着替え・スキンケア
- [ ] 朝食を食べさせる
- [ ] 歯磨き
- [ ] 防寒をする（冬）

〈大人〉

出かける前にしておきたい家事を書こう！

- [ ] ....
- [ ] ....
- [ ] 天気予報のチェック
- [ ] エアコンを切る
- [ ] 火の元を消す
- [ ] 家の戸締り（窓・勝手口・玄関）

▶持ち物

手で持つバッグ

- [ ] おむつセット（おむつ・おしりふき・ビニール袋・おむつ替えシート）
- [ ] 着替えセット
- [ ] 帽子（防寒／日よけ）
- [ ] 子どもの飲み物
- [ ] 子どものおやつ
- [ ] ガーゼやミニタオル
- [ ] ビニール袋
- [ ] 母子手帳・保険証・乳幼児医療証
- [ ] お薬手帳

- [ ] おもちゃ・絵本
- [ ] 交通機関のチケット（あれば）
- [ ] 貴重品（財布・カギ）
- [ ] 免許証（身分証明証）
- [ ] 携帯電話・カメラ
- [ ] ハンカチ
- [ ] ティッシュ・ウエットティッシュ
- [ ] 除菌シート

［必要に応じて］

- [ ] 子どものごはん
- [ ] 薄めのバスタオル
- [ ] 授乳ケープ

- [ ] ショルダーバッグ
- [ ] チェアベルト

［その他］

- [ ] ....
- [ ] ....
- [ ] ....

キャリーケース・ボストンバッグ

- [ ] おむつ　　枚
- [ ] 着替えセット　　日分（肌着、上下服、靴下）
- [ ] パジャマ
- [ ] 子ども用の歯ブラシ・歯磨き粉
- [ ] 予備のタオル

- [ ] 子ども用石鹸
- [ ] スキンケア剤
- [ ] おやつ　　日分
- [ ] 大人の着替え、洗面用具、メイク用品
- [ ] 充電器

［必要に応じて］

- [ ] トレーニングパンツ
- [ ] 携帯の鼻水吸い器
- [ ] 体温計
- [ ] 洗濯洗剤・ハンガー

- [ ] レインカバー（ベビーカー用）
- [ ] レインポンチョ
- [ ] 虫除けスプレー
- [ ] 日焼け止め

［その他］

- [ ] ....
- [ ] ....
- [ ] ....
- [ ] ....

バッグ以外（必要に応じて）

- [ ] ベビーカー、抱っこ紐
- [ ] カーシェード
- [ ] チャイルドシート

お出かけ準備 ▶ 3 〜 5 歳

子どもとの旅行準備
〈3 〜 5 歳〉

乗り物酔いしやすくなる時期です。長時間移動する場合は乗り物酔い対策をしましょう。

★3 〜 5 歳頃になると自分で少し荷物を持つことができるようになるので、子どもの用のリュックにおやつやおもちゃを入れて持たせてあげましょう（子どものリュックの選び方は P70 参照）。

★長時間乗り物に乗る場合、三半規管の発達の未熟な幼児は乗り物酔いをする場合があります。乗り物酔いを予防するには、刺激を軽減するのがおすすめです。

バス 揺れが少ない前方の席に座る（タイヤの真上は振動が伝わりやすいので避ける）

船 揺れが少ない中央に近い席に座る

飛行機 揺れが少ない翼近くか、前方の席に座る

車 エアコンを止め、自然の風で温度調節をする

共通

- 1 〜 2時間ごとに休憩する
- 遠くの景色を見るようにして視覚への刺激を減らす
- おしゃべりをして気分を紛らわす
- 芳香剤や香水など匂いの強いものを避ける
- 空腹や満腹の状態で乗らない
- 乗る直前に食べ物を食べない

産前

0歳

1歳

2歳

3歳

4歳

5歳

子どもとの旅行準備リスト〈3～5歳〉

▶ 事前準備

- ☐ 宿の手配
- ☐ 子どものもので旅行先に用意されているもの・借りられるものがあるかどうかチェック
- ☐ 交通機関の予約（必要なら）
- ☐ 旅行での移動手段の確認（宿までの送迎やチャイルドシートの有無など）
- ☐ 必要なものの買い物
  - · ....
  - · ....
  - · ....
- ☐ 旅行先までにかかる時間の確認： ....
- ☐ 家を出る時間の確認： ....
- ☐ 留守中の防犯対策： ....

▶ 旅行当日の準備

〈子ども〉
- ☐ 着替え・スキンケア
- ☐ 朝食を食べさせる
- ☐ 歯磨き
- ☐ 防寒をする（冬）

〈大人〉
出かける前にしておきたい家事を書こう！
- ☐ ....
- ☐ 天気予報のチェック
- ☐ エアコンを切る
- ☐ 火の元を消す
- ☐ 家の戸締り（窓・勝手口・玄関）

▶ 持ち物

─ 手で持つバッグ ─

- ☐ 帽子（防寒／日よけ）
- ☐ ビニール袋
- ☐ 母子手帳・保険証・乳幼児医療証
- ☐ お薬手帳
- ☐ 交通機関のチケット（あれば）
- ☐ 貴重品（財布、カギ）
- ☐ 免許証（身分証明証）
- ☐ 携帯電話・カメラ
- ☐ ハンカチ
- ☐ ティッシュ・ウエットティッシュ
- ☐ 除菌シート

［必要に応じて］
- ☐ おむつセット（おむつ・おしりふき・ビニール袋）
- ☐ 着替えセット
- ☐ 子どものごはん
- ☐ 薄めのバスタオル
- ☐ 授乳ケープ
- ☐ ショルダーバッグ

［その他］
- ☐ ....
- ☐ ....

─ 子どものリュック ─

- ☐ ミニタオルやタオルハンカチ
- ☐ 子どもの飲み物
- ☐ 子どものおやつ
- ☐ おもちゃ・絵本など

［その他］
- ☐ ....

─ キャリーケース・ボストンバッグ ─

- ☐ 着替えセット ..... 日分（下着、肌着、上下服、靴下、トレーニングパンツなど）
- ☐ パジャマ
- ☐ 子ども用の歯ブラシ・歯磨き粉
- ☐ 予備のタオル
- ☐ 子ども用石鹸
- ☐ スキンケア剤
- ☐ おやつ ..... 日分
- ☐ 大人の着替え、洗面用具、メイク用品
- ☐ 充電器

［必要に応じて］
- ☐ おむつ ..... 日分
- ☐ 携帯の鼻水吸い器
- ☐ 体温計
- ☐ 洗濯洗剤・ハンガー
- ☐ 虫除けスプレー
- ☐ 日焼け止め

［その他］
- ☐ ....
- ☐ ....
- ☐ ....
- ☐ ....

─ バッグ以外（必要に応じて）─

- ☐ ベビーカー、抱っこ紐
- ☐ チャイルドシート
- ☐ カーシェード

赤ちゃんとの帰省準備
〈0歳〜1歳半〉

初めての帰省では心配事がたくさん。持ち物や離乳食の準備をどうするか
検討しましょう。

★赤ちゃんと一緒に初めて帰省をするときは、おじいちゃん・おばあちゃんに孫の顔を見せられるのが楽しみな半面、慣れない移動や実家・義実家での過ごし方が心配になりますよね。持って行くものを確認したら想像以上に多くて驚くことも。荷物が多い場合は事前に宅配便で送ることも検討しましょう。

★離乳食が始まっている場合は、帰省先で台所を借りて離乳食をつくらせてもらうか、ベビーフードを持って行くか検討しましょう。手づくりする場合は帰省先に裏ごし器やすりこぎなど離乳食の準備に必要なツールがあるかどうか聞いておくと安心です。

★帰省先では誤飲などの事故に気をつけましょう。祖父母宅での事故防止対策については P82を確認してください。

★帰省先の環境によっては、帰ってみて急に必要になるものもあります。近くの赤ちゃんグッズが買える店（場所と営業時間）をあらかじめ調べておくと安心です。

産前

0
歳

1
歳

2
歳

3
歳

4
歳

5
歳

赤ちゃんとの帰省の準備リスト〈0歳〜1歳半〉

▶ 事前準備

- ☐ 帰省日程の相談
- ☐ 交通機関の予約
- ☐ 準備してもらうことの連絡
  - ・
  - ・
- ☐ 帰省先で調達するものの検討（おむつなど）
  - ・
  - ・
- ☐ 家までの移動手段の確認（自家用車ならチャイルドシートのレンタル予約など）

- ☐ お年玉（正月）
- ☐ 手土産の検討・購入
- ☐ 必要なものの買い物
  - ・
  - ・
- ☐ 移動時間の確認
- ☐ 家を出る時間の確認
- ☐ 天気予報のチェック
- ☐ 留守中の防犯対策

▶ 帰省当日の準備

〈赤ちゃん〉
- ☐ おむつ替え・着替え・スキンケア
- ☐ 離乳食・授乳・歯磨き
- ☐ 防寒をする（冬）

〈大人〉
出かける前にしておきたい家事を書こう！
- ☐ ....
- ☐ ....
- ☐ エアコンを切る
- ☐ 火の元を消す
- ☐ 家の戸締り（窓・勝手口・玄関）

▶ 持ち物

─ 手で持つバッグ ─

- ☐ おむつセット（おむつ・おしりふき・ビニール袋・おむつ替えシート）
- ☐ 授乳ケープ
- ☐ ミルクセット（粉ミルク・お湯・水／液体ミルク、哺乳瓶）
- ☐ 着替えセット
- ☐ 帽子（防寒／日よけ）
- ☐ ガーゼやタオル
- ☐ ビニール袋
- ☐ 薄めのバスタオル
- ☐ 母子手帳・保険証・乳幼児医療証
- ☐ お薬手帳
- ☐ おもちゃ・絵本

［離乳食が始まったら］
- ☐ 離乳食セット（ベビーフード、スプーン・フォーク、食事エプロン）
- ☐ マグや紙パックの飲み物（ミルク以外からも水分を補給している場合）
- ☐ 赤ちゃん用のおやつ

- ☐ 交通機関のチケット（あれば）
- ☐ 貴重品（財布・カギ）
- ☐ 免許証（身分証明証）
- ☐ 携帯電話・カメラ
- ☐ ハンカチ
- ☐ ティッシュ・ウエットティッシュ
- ☐ 除菌シート
- ☐ 手土産

［必要に応じて］
- ☐ ショルダーバッグ
- ☐ チェアベルト
- ☐ 靴・靴入れ袋

─ キャリーケース・ボストンバッグ ─

- ☐ おむつ ＿＿ 枚
- ☐ ミルク ＿＿ 回分
- ☐ 予備の哺乳瓶・洗剤、スポンジ
- ☐ ベビーフード ＿＿ 食分
- ☐ 着替えセット ＿＿ 日分（肌着、服、靴下）
- ☐ パジャマ

［必要に応じて］
- ☐ お年玉
- ☐ 赤ちゃん用の飲み物
- ☐ 哺乳瓶の消毒グッズ
- ☐ 携帯の鼻水吸い器
- ☐ 体温計
- ☐ ブランケットやおくるみ

［その他］
- ☐ ....

- ☐ 予備のタオル
- ☐ ベビー用石鹸
- ☐ スキンケア剤
- ☐ おやつ ＿＿ 日分
- ☐ 大人の着替え、洗面用具、メイク用品
- ☐ 充電器

- ☐ スタイ
- ☐ 赤ちゃん用洗濯洗剤・ベビーハンガー
- ☐ レインカバー（ベビーカー用）
- ☐ レインポンチョ
- ☐ 虫除けスプレー
- ☐ 日焼け止め

─ バッグ以外（必要に応じて）─

- ☐ ベビーカー、抱っこ紐
- ☐ カーシェード
- ☐ チャイルドシート

お出かけ準備

▶ 1歳半～2歳

子どもとの帰省準備
〈1歳半～2歳〉

離乳したあとは持ち物は減って楽になりますが、祖父母宅での事故に注意を！ 注意点は事前に伝えておきましょう。

★離乳食と母乳・ミルクを卒業する頃になると、荷物が減って準備が少し楽になってきます。ただ、子どもが自分で動けるようになると別の問題が出てきます。それは、多くの祖父母の家では子どもの事故防止策がとられていないこと。実家や親戚宅での子どもの事故は帰省時期の12月、8月、1月の順に多いのです（消費者庁調査より）。

★事故を防ぐため、帰省先に注意点を伝えたり、帰省時に大人が注意して見るようにし、みんなが快適に過ごせるようコミュニケーションをとりましょう。

● 子どもの手の届く低い位置に薬や電池やタバコ・殺虫剤・洗剤類・その他危険なものを置かない
● ストーブなどに子どもが近づけないようにする
● 階段や大きな段差から転落しないように注意する
● アレルギーのある食材があれば伝えておく
● 壊れてしまうと困るもの、大切なものは手の届かない場所に移動しておいてもらう

Mini Column みんなの体験談！

帰省先の安全対策どうした？

「実家の階段が急なので、ベビーゲートを設置してもらった」……………（おもちパパ）

「義実家の車にチャイルドシートがないので、駅から家まではタクシーで移動した」
…………………………………………………………………………………（ねねママ）

子どもとの帰省の準備リスト〈1歳半～2歳〉

▶ 事前準備

- ☐ 帰省日程の相談
- ☐ 交通機関の予約
- ☐ 準備してもらうことの連絡
  - ・………………
  - ・………………
- ☐ 帰省先で調達するものの検討（おむつなど）
  - ・………………
  - ・………………
- ☐ 家までの移動手段の確認
  （自家用車ならチャイルドシートのレンタル予約など）

- ☐ お年玉（正月）
- ☐ 手土産の検討・購入
- ☐ 必要なものの買い物
  - ・………………
  - ・………………
- ☐ 移動時間の確認
- ☐ 家を出る時間の確認
- ☐ 天気予報のチェック
- ☐ 留守中の防犯対策

▶ 帰省当日の準備

〈子ども〉
- ☐ おむつ替え・着替え・スキンケア
- ☐ 朝食を食べさせる・歯磨き
- ☐ 防寒をする（冬）

〈大人〉
出かける前にしておきたい家事を書こう！
- ☐ ………………
- ☐ ………………
- ☐ エアコンを切る
- ☐ 火の元を消す
- ☐ 家の戸締り（窓・勝手口・玄関）

▶ 持ち物

手で持つバッグ

- ☐ おむつセット（おむつ・おしりふき・ビニール袋・おむつ替えシート）
- ☐ 着替えセット
- ☐ 帽子（防寒／日よけ）
- ☐ 子どもの飲み物
- ☐ 子どものおやつ
- ☐ ガーゼやタオル
- ☐ ビニール袋
- ☐ 母子手帳・保険証・乳幼児医療証
- ☐ お薬手帳

〔必要に応じて〕
- ☐ 子どものごはん
- ☐ 薄めのバスタオル
- ☐ 授乳ケープ

〔その他〕
- ☐ ………………
- ☐ ………………
- ☐ ………………

- ☐ おもちゃ・絵本
- ☐ 交通機関のチケット（あれば）
- ☐ 貴重品（財布・カギ）
- ☐ 免許証（身分証明証）
- ☐ 携帯電話・カメラ
- ☐ ハンカチ
- ☐ ティッシュ・ウエットティッシュ
- ☐ 除菌シート
- ☐ 手土産

- ☐ ショルダーバッグ
- ☐ チェアベルト

キャリーケース・ボストンバッグ

- ☐ おむつ　　　枚
- ☐ 着替えセット　　　日分（肌着、上下服、靴下）
- ☐ パジャマ
- ☐ 子ども用の歯ブラシ・歯磨き粉
- ☐ 予備のタオル

〔必要に応じて〕
- ☐ お年玉
- ☐ トレーニングパンツ
- ☐ 携帯の鼻水吸い器
- ☐ 体温計

〔その他〕
- ☐ ………………
- ☐ ………………
- ☐ ………………

- ☐ 子ども用石鹸
- ☐ スキンケア剤
- ☐ おやつ　　　日分
- ☐ 大人の着替え、洗面用具、メイク用品
- ☐ 充電器

- ☐ 洗濯洗剤・ハンガー
- ☐ レインカバー（ベビーカー用）
- ☐ レインポンチョ
- ☐ 虫除けスプレー
- ☐ 日焼け止め

バッグ以外（必要に応じて）

- ☐ ベビーカー、抱っこ紐
- ☐ カーシェード
- ☐ チャイルドシート

子どもとの帰省準備
〈3〜5歳〉

たくさんコミュニケーションをとれるようになり、子どもも帰省を楽しみにするように。

★3歳〜5歳になると、子どもが祖父母や親戚、いとことしっかりコミュニケーションをとれるようになり、帰省を楽しみにしていることも多いものです。自分で少し荷物も持てるようになるので、子ども用のリュックに入れるものを一緒に考えたり、お土産に持っていくものを一緒に考えたりしてもいいですね。

★1歳半〜2歳の頃と同様に、子どもの事故防止のために祖父母宅でも危険なものを手の届かない場所に移動したり、高いところから転倒したりしないように注意をしましょう。

産前

0歳

1歳

2歳

3歳

4歳

5歳

Mini Column

お年玉の相場は？

お年玉の額の決め方は人それぞれですが、一般的な相場が気になりますよね。小学生くらいまでの子どもの場合、だいたい下記が相場とされています。ただ親戚間でなんとなくの相場が決まっている場合もあるので、祖父母に確認しておくと安心です。

年齢	お年玉の金額の相場
赤ちゃん	500〜1000円
幼児	2000円程度
小学校低学年（1〜3年生）	3000円程度
小学校高学年（4〜6年生）	5000円程度

子どもとの帰省の準備リスト〈3〜5歳〉

▶ 事前準備

- [ ] 帰省日程の相談
- [ ] 交通機関の予約
- [ ] 準備してもらうことの連絡
  - ・＿＿＿＿＿＿＿＿
  - ・＿＿＿＿＿＿＿＿
  - ・＿＿＿＿＿＿＿＿
- [ ] 帰省先で調達するものの検討
  - ・＿＿＿＿＿＿＿＿
  - ・＿＿＿＿＿＿＿＿
  - ・＿＿＿＿＿＿＿＿

- [ ] 家までの移動手段の確認
  （自家用車ならチャイルドシートのレンタル予約など）
- [ ] お年玉（正月）
- [ ] 手土産の検討・購入
- [ ] 必要なものの買い物
  - ・＿＿＿＿＿＿＿＿
  - ・＿＿＿＿＿＿＿＿
- [ ] 移動時間の確認
- [ ] 家を出る時間の確認
- [ ] 天気予報のチェック
- [ ] 留守中の防犯対策

▶ 帰省当日の準備

〈子ども〉
- [ ] 着替え・スキンケア
- [ ] 朝食を食べさせる・歯磨き
- [ ] 防寒をする（冬）

〈大人〉
出かける前にしておきたい家事を書こう！
- [ ] ＿＿＿＿＿＿＿＿
- [ ] ＿＿＿＿＿＿＿＿
- [ ] エアコンを切る
- [ ] 火の元を消す
- [ ] 家の戸締り（窓・勝手口・玄関）

▶ 持ち物

手で持つバッグ

- [ ] 帽子（防寒／日よけ）
- [ ] ビニール袋
- [ ] 母子手帳・保険証・乳幼児医療証
- [ ] お薬手帳
- [ ] 交通機関のチケット（あれば）
- [ ] 貴重品（財布・カギ）
- [ ] 免許証（身分証明証）
- [ ] 携帯電話・カメラ
- [ ] ハンカチ
- [ ] ティッシュ・ウエットティッシュ
- [ ] 除菌シート
- [ ] 手土産

［必要に応じて］
- [ ] おむつセット（おむつ・おしりふき・ビニール袋）
- [ ] 着替えセット
- [ ] 子どものごはん
- [ ] 薄めのバスタオル
- [ ] 授乳ケープ
- [ ] ショルダーバッグ

［その他］
- [ ] ＿＿＿＿＿＿＿＿

キャリーケース・ボストンバッグ

- [ ] 着替えセット　　日分
  （下着、肌着、上下服、靴下、トレーニングパンツなど）
- [ ] パジャマ
- [ ] 子ども用の歯ブラシ・歯磨き粉
- [ ] 予備のタオル
- [ ] 子ども用石鹸
- [ ] スキンケア剤
- [ ] おやつ　　日分
- [ ] 大人の着替え、洗面用具、メイク用品
- [ ] 充電器

［必要に応じて］
- [ ] お年玉
- [ ] おむつ　　日分
- [ ] 携帯の鼻水吸い器
- [ ] 体温計
- [ ] 洗濯洗剤・ハンガー
- [ ] 虫除けスプレー
- [ ] 日焼け止め

［その他］
- [ ] ＿＿＿＿＿＿＿＿
- [ ] ＿＿＿＿＿＿＿＿
- [ ] ＿＿＿＿＿＿＿＿
- [ ] ＿＿＿＿＿＿＿＿

子どものリュック

- [ ] ミニタオルやタオルハンカチ
- [ ] 子どもの飲み物
- [ ] 子どものおやつ
- [ ] おもちゃ

［その他］
- [ ] ＿＿＿＿＿＿＿＿

バッグ以外（必要に応じて）

- [ ] ベビーカー、抱っこ紐
- [ ] カーシェード
- [ ] チャイルドシート

共働き夫婦の育児

　小さな子どものいる家庭の親は働き盛りの世代で、仕事時間も家事・育児時間もどの世代より長いことがわかっています（「令和2年度版男女共同参画白書」より）。また、共働きの子育て家庭では「働いている日の育児時間が長くなるほどストレスを感じる」というデータも出ており、共働きの子育てがいかに大変なことであるかが見て取れます。

　小さな子どもを持つ共働き夫婦はどうしたらストレスを減らし、生活の質をあげられるのでしょうか。まずは夫婦間の育児分担の問題があります。上の調査で、共働きの子育て夫婦の問題点として、妻がフルタイム勤務でも「育児に関する予定管理」や「育児に関する情報収集」「保護者会活動」については夫の関わりが薄いことが挙げられています。これは、夫の「おむつ替え」「お風呂に入れる」などの目に見える育児が増えても、まだまだ目に見えない部分を妻が担っており、夫が主体的に育児をしていることが少ないということです。

　この課題を解決するには、「目に見えない育児」をいかに見える化するかがポイントです。夫婦間で話したり、紙に書き出すなどして、「育児はこれだけやることがある」ことをまずはお互いが知ることから始めてみましょう。それを育児の分担に生かしたり、お互いに感謝し合ったりすることは家族にとって大きな前進となるはずです。

　自分たちだけで育児をするのではなく、外部サービスを頼ることもひとつです。いくら育児を分担したくても、長時間労働では難しいもの。できるだけ行政や民間のサービスを活用し、親自身が体も心も健やかに生活を送れるように家族で話し合いたいですね。

第 **3** 章

成長・発達ごとに
必要なこと

子どもが成長するにつれて、
そのつど悩むことが出てくるもの。
考えたいことはアウトプットして
頭の中をすっきり！

　わからないことだらけだった赤ちゃんとの暮らしが軌道に乗ってくると、子育てを楽しむ余裕が生まれてきます。でも、小さい子の成長は本当に早いもの。歯が生えてきたら歯磨きのこと、生後5〜6ヶ月になったら離乳食のこと、離乳食が終わったら卒乳のこと、職場復帰するときは保育園のことなど、そのつどまたわからないことが出てきます。

　そんなときは「今どういうことを調べたいと思っているか、どんなやるべきことがあるか」をリストアップして、頭の中を整理しましょう。また、誰もが見る場所にリストを貼ることで、パートナーや家族と問題意識を共有することができます。「情報を集めること」「一緒にどうするか検討したり悩んだりすること」も立派な育児のひとつです。

すぐ知りたいことはなんですか？

 成長ごとに必要なこと

 日々のお世話

 離乳食・幼児食

 保育園・幼稚園

発達の目安
▶ P090へ

子どもは日々成長してできることが増えていきます。生まれてから小学生になるまでのおおよその成長の段階を知っておきましょう。

産前

0歳

1歳

2歳

3歳

4歳

5歳

★ 0歳

＼こんなことができる／

- 音のするほうに目線を向ける（生まれてすぐの頃〜）
- 腹ばいにすると首を上げる（1〜3ヶ月〜）
- 生まれてすぐはほとんど見えないが、生後3ヶ月頃になると動くものを目で追えるくらいになる
- 首がすわる（3〜5ヶ月頃〜）
- 寝返りを始める（4〜7ヶ月頃〜）
- おすわりが安定する（7〜8ヶ月頃〜）
- つかまり立ち、ハイハイを始める（8〜10ヶ月頃〜）
- たっち、歩き始める子もいる（1歳前後〜）

気持ち・言葉

- 親という認識はなくても、笑顔で話しかけると、笑顔に（2〜3ヶ月頃〜）
- あやすと声をたてて笑ったり、気を引くために笑ったり泣いたりする（5〜6ヶ月頃〜）
- 親とそれ以外の人が区別できるようになり、人見知りが始まる子も（6〜10ヶ月頃〜）
- おしゃべりはまだですが、0歳の間にもその準備が進められていて、生後2〜3ヶ月頃から出す「あ〜」「う〜」などの喃語もそのひとつ

★ 1歳

＼こんなことができる／

- 親指と人差し指を使い、細かいものをつまむ（1歳前後〜）
- まだ持ち方は正しくないことも多いですが、スプーンを使えるように（1歳2ヶ月頃〜）
- ひとりで歩けるようになる（1歳前後〜1歳5〜6ヶ月頃）
- 階段をのぼったり、ボールを蹴ったりということも徐々にできるように

気持ち・言葉

- 自分以外の人への関心が出てきて、ママやパパの様子を見てマネをするのが大好きに
- 自我が芽生えてくるので、好き、嫌い、やりたいなど感情表現が豊かになる
- 自分の思い通りにいかないと癇癪を起こす場合も
- 「パパ」「ママ」など意味のある言葉を言う（1歳2〜3ヶ月頃〜）
- 「○○取って」など簡単な内容なら理解して行動できることも（1歳8ヶ月頃〜）

★ 2歳

＼こんなことができる／

- 好奇心旺盛で活発に
- 走る、ジャンプをする、ボールを蹴るなどの動きが上手に
- 手すりにつかまらず、階段の上り下りも可能に（2歳半頃〜）
- お絵かきでは、今まで自由に描くだけだったのが「なぞる」という行為ができるようになってくる
- 簡単なお着替えができる
- 個人差が大きいが、日中パンツで過ごせる子も出てくる（2歳後半頃〜）

気持ち・言葉

- 「ジュース、ちょうだい」、「ママ、いこう」などの二語文が話せるように
- コミュニケーションの幅が広がり、より大人のマネが上手になり、ごっこ遊びも盛んに
- 1歳の頃よりも自我が強くなる
- そのときどきの感情を言葉にしようとするものの、まだうまく伝えられないので、そのもどかしさから親が何を言っても「イヤ！」「ダメ！」と反抗することが多くなる

※子どもの発達には大きな個人差がありますので、この表はあくまで目安としてください。

※〇歳になったらいきなりできることが増えるというわけではなく、できたりできなかったりする時期を経て、徐々にできることが増えていくことがほとんどです。焦らず成長を見守り、不安なことがある場合はかかりつけ医や保健師さんに相談してみましょう。

★ 3歳

＼こんなことができる／

- 片足立ちができるようになる
- 体の使い方が上手になってくるので、よりダイナミックな動きが増える
- 低い段差からジャンプして下りる、音楽に合わせて歩く、走る、止まるなどの動作も上手にできるように
- ボール遊びで投げたい相手に向かって投げられるようになり、両手でキャッチもできるように
- トイレトレーニングに関しては個人差が大きいものの、おむつがはずれる子が多くなる

気持ち・言葉

- 今まではお友達と一緒にいてもよく見るとそれぞれで遊んでいることが多かったのが、コミュニケーション能力が発達し、お友達と一緒にひとつの遊びができるように
- お友達との間で「これ貸して」「いいよ」などの会話をすることも
- 「ごはんを食べたい」→「ママとごはんを食べたい」など三語文を話せるように
- 物事や周りの人への好奇心が高まり、「なんで？」「どうして〇〇するの？」という問いかけがとても増える

★ 4歳

＼こんなことができる／

- 角を曲がるときにスピードを落とすなど、その場の状況に応じて体の動きを細かく調整することができる
- 平衡感覚が発達するので、ケンケンなどの片足の動きも可能に
- 握力が少しつくので縄跳び、登り棒などにトライする子も
- 「走りながらボールを蹴る」「音楽に合わせて踊る」など、「ながら動き」も可能に
- 順番という概念がわかってくる
- サポートなしのお箸やはさみが使える
- トイレトレーニングもほぼ終わりに

気持ち・言葉

- 友達と一緒に遊ぶ時間がぐんと増えてくる
- 「〇〇すると楽しい」「××されるのはイヤだ」など、自分の気持ちを言葉にして相手に伝えることができるようになる
- 病院ごっこや電車ごっこ、アニメのキャラクターになりきるなど、ごっこ遊びが大好きで、遊びながらいろいろな想像力を働かせる
- 親や友達の気をひくためにウソをついたり、わざと悪い言葉や汚い言葉を使うことも

★ 5歳

＼こんなことができる／

- 着替えやトイレ、歯磨きなど日常生活がほぼひとりで行えるように
- 少しずつ筋力がついてくるので、とび箱をとぶ、自転車に乗る、スキップするなど、より高度な動きが可能に
- 手先がより器用になり、はさみで複雑に入り組んだ線に沿って切る、新聞紙を丸めて細くて棒をつくるなどをこなす子も
- 手先の器用さはこの頃から個人差がより大きくなってくる

気持ち・言葉

- 感情のコントロールができるようになり、協調性が出てくるので、お友達に自分のものを譲ったり、譲られてありがとうの気持ちを伝えたりという場面を見ることができる
- 時間の感覚や空間把握能力が高くなり、「昨日は〇〇くんお休みだった」「背の順だと僕の前が〇〇ちゃんで、後ろは誰もいない」とわかるように
- 何かできると達成感を得ることができ、それが自己肯定感につながる

予防接種の準備

予防接種の種類や時期、受ける前に準備すること・気をつけたいことを
チェックしましょう。

★予防接種には「定期接種」と「任意接種」があります。「定期接種」は、簡単にいうと国が接種することを推奨しているワクチンです。国が定めた期間内に接種すると自己負担なしで接種できます。「任意接種」は、国が接種を認めたワクチンです。費用は基本的には自己負担ですが、自治体によって助成される場合もあります。

★予防接種は生後2ヶ月頃から始まり、推奨期間のほとんどが0〜1歳に集中しています。予診票が届いたら医療機関で予約を取りましょう。定期接種の種類や規定は見直される場合があるので、スケジュールは「日本小児科学会」や「国立感染症研究所」、地域の保健所のHPを確認して最新のものを使うのがおすすめです。小児科でもスケジュール表をもらえることがあります。また母子手帳に載っているスケジュールを使う人や、予防接種アプリを使う人も。

★予防接種を受ける際は、前日までに予診票に記入しておきましょう。当日は準備するものが多いので、直前に書くと慌てて記入漏れがあったり、予診票自体を忘れてしまう心配があります。

★接種当日は体温を測り、赤ちゃんの様子にいつもとの違いがないか確認を。発熱していたり風邪や病気にかかっている、また1ヶ月以内に伝染性感染症にかかっている場合は予防接種が受けられない可能性もあります。

予防接種の準備リスト

▶ 予防接種（乳幼児期）の種類・チェック表

予防接種を受けた日付を書き込みましょう。

参考：日本小児科学会HP（2021年2月時点の情報）

ワクチン	種類	1回目	2回目	3回目	4回目
Hib（インフルエンザ菌b型）	不活化	☐ 年 月 日	☐ 年 月 日	☐ 年 月 日	☐ 年 月 日
肺炎球菌（PCV13）	不活化	☐ 年 月 日	☐ 年 月 日	☐ 年 月 日	☐ 年 月 日
B型肝炎	不活化	☐ 年 月 日	☐ 年 月 日	☐ 年 月 日	
ロタウイルス	生	☐ 年 月 日	☐ ※1価ワクチンは2回		
4種混合、または3種混合とポリオ	不活化	☐ 年 月 日	☐ 年 月 日	☐ 年 月 日	☐ 年 月 日
BCG	生	☐ 年 月 日			
麻疹・風疹（MR）	生	☐ 年 月 日	☐ 年 月 日		
水痘	生	☐ 年 月 日	☐ 年 月 日		
日本脳炎	不活化	☐ 年 月 日	☐ 年 月 日	☐ 年 月 日	☐ 年 月 日
【任意】おたふくかぜ	生	☐ 年 月 日	☐ 年 月 日		

※「不活化」……不活化ワクチン、「生」……生ワクチン
※注射で生ワクチンを接種した場合は次の注射生ワクチンを接種するまで27日以上あける必要があります。
※上記のほか、インフルエンザの予防接種は毎年の接種が推奨されています。

▶ 準備リスト

[前日までにすること]
☐ 予診票の記入

[当日チェックすること]
☐ 赤ちゃんの体温
☐ 赤ちゃんの食欲、顔色、機嫌に異変がないかどうか
☐ 親の体調・発熱の有無
☐ 袖や裾をまくりやすい服を着せる

[持ち物] ※自治体からの予防接種のお知らせに記載されている持ち物も併せて確認してください。

☐ 予診票
☐ 診察券
☐ 保険証・乳幼児医療証
☐ 母子手帳
☐ 接種費用（任意接種の場合）
　　　　　　　　　　　円

☐ タオルやガーゼ
☐ ティッシュ・ウエットティッシュ
☐ おむつセット（おむつ、おしりふき、ビニール袋、おむつ替えシート）
☐ 授乳ケープ
☐ ミルクセット（粉ミルク・お湯・お水／液体ミルク、哺乳瓶）

☐ 着替えセット
☐ ビニール袋
☐ お気に入りのおもちゃや絵本
☐ 貴重品（財布・カギ）
☐ 携帯電話

▶ 予防接種後の過ごし方

☐ 副反応をみるため病院で5分以上の待機（または自宅で様子をみる）
☐ 予防接種後すぐの外出や激しい運動は控える
☐ お風呂は入っても良いが、熱い湯船に長く浸かったり、接種部分をこすったりしない

▶ 帰宅後〜翌朝のチェック

☐ 発熱の有無
☐ 赤ちゃんの食欲、顔色、機嫌
☐ 接種部位の状態

家の事故防止策

赤ちゃんにとって家の中は危険がいっぱい。ずりばいの兆候が見られたら
家の安全対策を始めましょう。

★最初は寝ているだけの赤ちゃんも、少しずつ筋力がついてくる
と、自分で体を動かせるようになっていきます。ほふく前進のよう
な「ずりばい」ができるようになると、行動範囲が広がるので、そ
のぶん事故のリスクも増えます。おすわりをしようとする動き、腹
ばいの際にウンウンと動こうとする仕草などが見られたら、家の中
の安全対策を始めましょう。

★0歳の死亡原因のうち、先天性疾患や出産時の事故、SIDS（乳幼
児突然死症候群）以外で多いのが窒息によるものです（平成21年の厚生
労働省のデータによる）。また東京消防庁のデータによると、救急搬送
が必要な事故のうち、0歳の事故の半分は家の中で発生していて、
その多くがリビングで起こっています。赤ちゃんが普段過ごす場所
の安全対策がいかに重要かがうかがえます。誤飲チェッカー（トイ
レットペーパーの芯で代用できます）を使って、誤飲の心配のあるもの
は手の届かない場所に移動させましょう。

★きょうだいがいる家庭ならではの事故もあります。気をつけてい
ても、きょうだいが0歳児の手を扉で挟んでしまったり、ふたりで
ブラインドのヒモで遊ぶ間に窒息が起こるなど事故の心配がありま
す。どうしても親が近くで見られないときは、ベビーサークルなど
を利用し、赤ちゃんときょうだいのいる空間を分ける工夫をしま
しょう。

家の中のこんな場所で対策をしよう

家の中で起きるかもしれない事故と、事故を防ぐためにしておくことをチェック！

［玄関］
- 段差のあるたたきに転倒
- ➡️ ☐ ベビーガードを玄関前に設置

［キッチン］
- 熱湯がこぼれてやけど
- ➡️ ☐ 電気ケトルとコードを手の届かないところに置く

- 扉を開けて包丁などを取り出しケガに
- ➡️ ☐ 扉開閉ストッパーで包丁場所の開閉不可に

- ガス台の点火ボタンを押してしまう
- ➡️ ☐ 点火ボタンのセーフティロックをかける

［寝室］
- やわらかい寝具で顔が埋まり、窒息
- ➡️ ☐ かための布団に買い替え

- ベッドと壁のすき間に顔が埋まり、窒息
- ➡️ ☐ 壁ピッタリにベッドをつける

- 添い寝中、うっかり寝てしまい、大人の体で圧迫
- ➡️ ☐ 疲れているときは添い寝せず、子どもはベビーベッドなどに寝かせてトントンして寝かしつけ

［お風呂／洗面所］
- ママが洗髪中に浴槽内で溺れる
- ➡️ ☐ 浴室内の専用浮き輪は使わず、洗髪中は洗い場でイスに座らせる

- 歯磨き中に転倒してのどをついてケガ
- ➡️ ☐ 歯磨き用のイスに座らせる習慣づけ

- ドラム式洗濯機の中に閉じ込められて窒息
- ➡️ ☐ チャイルドロックや閉じ込め防止機能のついている製品を選び、未使用時でもフタを閉じ、開かないようにする

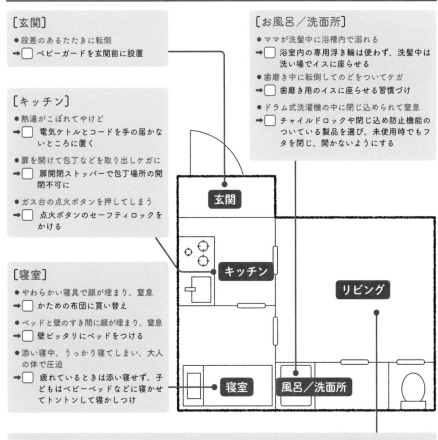

玄関
キッチン
リビング
寝室
風呂／洗面所

［リビング］
- 引き出しに上り、チェストやタンスが転倒して下敷きに
- ➡️ ☐ 引き出しストッパーをつける、チェストやタンスに転倒防止用品をつける

- テーブルクロスを下からひっぱり、テーブル上のポットの湯がこぼれてやけど
- ➡️ ☐ クロスの撤去、熱いものを置いたままにしない

- テーブルの角に頭などをぶつけて出血、内出血など
- ➡️ ☐ コーナークッションを取り付ける

- コンセントに異物を突っ込み感電
- ➡️ ☐ コンセントカバーの設置でいたずら防止

- ブラインドの紐で遊び、首にからまって窒息
- ➡️ ☐ 紐をまとめて手の届かない高さに上げる

- ボタン電池や薬、たばこ、洗剤類などを誤飲
- ➡️ ☐ 子どもの手の届かない高いところ、もしくは施錠できる場所へ保管

- 直径4cm以内の小さなものを誤飲
- ➡️ ☐ 誤飲チェッカー（トイレットペーパーの芯でも）を使い、危険のあるものは子どもの手の届かない高いところ、もしくは施錠できる場所へ保管

- 上の子が赤ちゃんの手をドアで挟んでケガ
- ➡️ ☐ ベビーサークルなどに赤ちゃんを入れ、親が一緒にいられないときは、別々にしておく

成長・発達ごとに必要なこと

▶ 0〜1歳

夜泣き対応

大人もまとまった睡眠がとれなくなる時期。つらいときは無理せず早めに
SOSを出しましょう。

★夜泣きとは、おなかがすいているわけでもなく、おむつが汚れて
いるわけでもないのに、夜中に赤ちゃんが泣き出すことをいいま
す。1〜2時間おきに泣き出すこともあれば、ひどいときは15〜
30分おきに泣き出すことも。

★夜泣きをする時期・程度は個人差が大きいのですが、一般的には
生後6〜1歳6ヶ月頃といわれています。特に生後8ヶ月頃が多く、
何をしても泣き止まず、悩むママ・パパが多いようです。

★夜泣きの原因は明確にはわかっていませんが、赤ちゃんが睡眠リ
ズムをつくっていく過程で起こるものではないかといわれていま
す。対応としては、「2〜3分何もせずに見守って再入眠を待つ」
「抱っこしてあやす」「お水を飲ませり、授乳する」「ベランダなど
に出て外気を吸って気分転換する」などが多いようです。

★夜泣きが始まると大人の睡眠時間が大きく削られ、疲弊してしま
うことが少なくありません。ママが育休中であったり専業主婦の場
合は特に、パートナーがいても頼らず「夜泣き対応は私の役割」と
思ってしまう人もいますが、ママの心身が健康でなければ育児はで
きません。夜泣きはいつかは終わるものなので、家族と協力して乗
り切りましょう。

夜泣き対応シフト表

夜泣きが大変な時期を乗り切るため、シフトを組んでみましょう。一緒に対応する場合は、
「おむつチェックは○○が担当」「授乳は○○が担当」など役割分担してもいいですね。

▶ 時間交代制

担当者がやること：□

□　　　　　　　　□

担当		担当
寝る	**例** ミルクをあげる	
	21:00	
	22:00	
	23:00	
	24:00	
	1:00	
	2:00	
	3:00	
	4:00	
	5:00	
	6:00	
	7:00	

▶ 曜日交代制

担当者がやること：□

□　　　　　　　　□

担当	担当
月	
火	
水	
木	
金	
土	
日	

Mini Column みんなの体験談！

夜泣き対応と夫婦の分担は？

「授乳でほとんど対応。夫は起きませんでしたが、朝起こさずに寝かせてくれたのが助かりました」
　　　（まめ）

「車に乗せてドライブ、夜風にあたるなど。夫には休みの日に交代してもらいました」……………（yonako）

「夫は起きないものと諦めていました。3日かけて夜間断乳してからは夜泣きがなくなりました」
　　（たんたん）

「最終手段は車に乗せてドライブ！　対応は夫婦で半々だが妻がやや多かったです」……………（よいちパパ）

「0歳時は添い乳で妻が対応してくれました。1歳以降は絵本を読ませながら寝落ちもするようになり、パパでも対応できるようになりました」　　　　　　　　　　　　　　　　　（なおはづパパ）

「たまにすごく大荒れするときは一旦電気をつけて我に返らせてから寝かせていました。最初（特に第一子）は夫が目を覚まさなくてイライラしましたが、起きれば主体的に対応して、押し付けがましくせず不機嫌にもならず任せられたのは助かりました」　　　　　　　　　　　　　　　　　（かんかんママ）

寝かしつけのステップ

子どもをスムーズな入眠に導くために、就寝までにやっておくといいこと
をチェックしましょう。

★子どもの寝かしつけに時間がかかってしまう場合、0歳では昼夜
の区別がはっきりついていないこと、1歳以降では昼寝が長すぎる
ことや日中の運動不足などが原因として挙げられます。

★子どもが寝つきやすい方法は年齢・月齢によっても違うので、お
腹や背中をトントンする、抱っこしてゆらゆらする、オルゴールの
音楽をかけるなどいろんな方法を試してみましょう。何をしても寝
ない日は、思い切ってなりゆきに任せ、子どもが自然と眠くなるの
を待つ手もあります。

★離乳食が始まると口の中に食べ物のかすが残りやすくなるので、
歯磨きでのケアが必要になります。授乳で寝かしつけをすると歯磨
き前に眠ってしまうことがあるので、歯が生えたら、できれば授乳
以外で寝かしつけられるように挑戦してみましょう。

Mini Column みんなの体験談！

寝かしつけワザは？

「生後半年までは縦抱きしてバランスボールで上下にゆらゆらするのが鉄板」……………（ねねママ）

「時間がかかるので、抱っこひもで寝かしていました（ベッドに置くのも一苦労ですが……）」
………………………………………………………………………………………（りっちゃんママ）

「2〜3歳のときは『この絵本を読んだら寝る』という絵本を数冊作り、寝るときに読み続けた
ら、自然とその絵本を読んで寝るようになりました。大きくなったら、とにかく昼間は体を動か
し、疲れさせて寝ることが一番の寝かしつけだと感じています」………………………（マロンママ）

産前
0歳
1歳
2歳
3歳
4歳
5歳

寝かしつけの段取りリスト

▶日中の過ごし方

☐ 朝7時までに起こし、朝日を浴びさせる

☐ お昼寝の時間を早めにする

▶寝る前の環境づくり

☐ テレビやスマホは寝る2時間前で終わりにする

☐ お風呂は寝る1時間前までに入る

☐ パジャマは厚すぎないものを着せる

☐ 部屋は真っ暗かほのぐらい明かりだけに

☐ 寝る前にオルゴール音などリラックス音楽を流す

▶寝かしつけの方法いろいろ

☐ 抱っこでゆらゆら

☐ ロッキングチェアやバランスボールに乗ってゆらゆら

☐ おくるみで包む

☐ お腹や背中をトントンする

☐ 子守歌を歌う

☐ 眉間やおでこを優しくなでる

☐ 赤ちゃんをパパ・ママのお腹に乗せて抱っこする

☐ ベビーマッサージ

☐ 足をさすって温めてあげる

☐ 絵本を読む

☐ 子どもの呼吸に合わせる

☐ 大人が寝たふりをする

☐ 授乳

☐ おしゃぶり
　※歯並びへの影響に配慮されたものがおすすめ。

☐ 抱っこして散歩

☐ ドライブ

その他

寝かしつけがうまくいったときにしたことなどをメモしておきましょう。

☐ _____

☐ _____

☐ _____

赤ちゃんが泣いたときの あやし方〈0〜1歳〉

0〜1歳の赤ちゃんが泣く理由とその際の対処法を書き出しておき、いつでも見られるようにしましょう。

★赤ちゃんが泣きやまないと途方に暮れてしまいますよね。でも、泣いているのには必ず理由があります。0〜1歳児が泣く原因で多いのは、「お腹がすいた」「おむつが濡れて気持ち悪い」「暑い」「眠いのに寝られない」「お腹が張っている」などの生理的理由です。

★「寂しさや不安」「怒り」から泣くこともあります。主に生後3〜6ヶ月の赤ちゃんにみられるのが、夕方になると泣き出す「黄昏泣き」です。諸説あるものの正確な原因はわかっていません。

★赤ちゃんは要求や気持ちを伝えるために泣いてお知らせしています。ママ・パパを困らせようとしているわけではないので、落ち着いて求めていることを見つけ、解決してあげましょう。

★保育のプロである保育士さんが最強と考えている泣きやませ方法は「抱っこ」。ぎゅっと少し強めに抱っこすると、胎内にいたときと同じような安心感を得られるようです。

★高月齢の0歳や1歳に効果的なのが、音の出るおもちゃなどを見せて気分転換させること。パッとサングラスをかけさせ、視界を変えることで泣きやむ子もいるそうです。

赤ちゃんが泣いたときの対応ステップ 〈0歳〜1歳〉

まずはモデルケースをマネしてチャレンジ！　いろいろ試しながらわが子が泣きやむパターンが
わかったら、わが家のあやし方ステップにメモしておきましょう。
赤ちゃんが家族以外と過ごすときにも役立ちます。

《モデルケース》

（1）まずはぎゅーっと抱っこする

（2）下記の中で思い当たることを
　　　順にやってみる

☐ お腹がすいている→授乳・ミルク

☐ おむつが気持ち悪い→おむつ替え

☐ 暑い→背中に手を入れ汗ばんでいた
　らお着替え

☐ 眠い→だっこしてゆらゆらする

☐ お腹が張って
　いる→お腹を
　優しく「の」
　の字マッサー
　ジ

（3）気分転換させてみる

☐ 音の出るおもちゃを目の前に出す

☐ サングラスをかけさせる

☐ 赤ちゃんが泣きやむと言われている
　音や曲を聴かせる

　（胎内音を聴かせるアプリ、テレビの砂嵐、ビニー
　ル袋をくしゃくしゃする音など）

☐ ベビーカーや車に乗せて散歩

（4）何をしてもダメなときは……

☐ 赤ちゃんをそばで見守りつつ何もし
　ない

　※赤ちゃんとしばらく距離を置くことで大人の焦りや不
　　安を軽減できます。

　※泣く以外に体に異変がある場合は病院へ。

《わが家のあやし方ステップ》

（1）＿＿＿＿＿＿＿＿＿＿＿＿＿＿＿＿＿＿＿＿＿＿＿＿＿＿＿＿＿＿＿＿＿

（2）＿＿＿＿＿＿＿＿＿＿＿＿＿＿＿＿＿＿＿＿＿＿＿＿＿＿＿＿＿＿＿＿＿

（3）＿＿＿＿＿＿＿＿＿＿＿＿＿＿＿＿＿＿＿＿＿＿＿＿＿＿＿＿＿＿＿＿＿

（4）＿＿＿＿＿＿＿＿＿＿＿＿＿＿＿＿＿＿＿＿＿＿＿＿＿＿＿＿＿＿＿＿＿

（5）＿＿＿＿＿＿＿＿＿＿＿＿＿＿＿＿＿＿＿＿＿＿＿＿＿＿＿＿＿＿＿＿＿

子どもが泣いたときの あやし方〈2〜5歳〉

年齢別に、子どもが泣く理由から対処法までをご紹介します。

★2歳以上になると、泣く理由が年齢によって変化します。2〜3歳では、「イヤイヤ期の延長」「思い通りにできない」「伝わらない」「赤ちゃん返り」などによって泣くことが多いようです。

★集団生活をスタートさせた3〜4歳は家の外で頑張っています。「親から叱られたとき」「お友達への不満」「保育園、幼稚園に対しての不安」などから、泣くことが今までより増えるかも。"泣く"ことはSOSのサインでもあるので、"泣かない"ことを求めず、まずは安心できる場で泣くことができていることを受け止めましょう。5歳になると、個人差はありますが感情コントロールができるようになり、グッと泣く回数が減ります。

★親の対応としては、2〜3歳の場合はまず抱っこ。本人の気持ちを代弁して落ち着かせましょう。また、いろんな手段で気分転換させても。3歳後半〜5歳は本人が落ち着くまで待ち、話せるようになったら理由を聞いて、子どもが話し始めたら聞き役になります。

★かんしゃくがひどい子の場合は、穏やかなときに「泣きたいときもあるよね。そんなとき○○ちゃんはどんなふうにしてほしい?」と一緒に考えるのもひとつです。「ギュウ〜と抱きしめて」「大好きなぬいぐるみと一緒にいたい」など、日常の中で子どもがどんなことで安心できているのか、よく見ているとヒントが見つかります。

子どもが泣いたときの対応ステップ
〈2歳〜5歳〉

まずはモデルケースをマネしてチャレンジ！　いろいろ試しながらわが子が泣きやむパターンが
わかったら、わが家のあやし方ステップにメモしておきましょう。
子どもが家族以外と過ごすときにも役立ちます。

	《モデルケース》	わが家のあやし方ステップ
【2〜3歳】	☐ まずは抱っこする ☐ 「〇〇なんだよね」と、子どもの気持ちを代弁する ☐ おもちゃ、外の景色を見せるなどで気分転換する ☐ 泣きやまない場合は、体調が悪くないか確認する （熱を測ったり、痛いところがあれば手で触って教えてもらう）	☐ .... ☐ .... ☐ ....
【3〜4歳】	☐ 抱っこまたは優しく背中や肩をトントンする ☐ 無理に泣きやませず落ち着くまで待つ ☐ 落ち着いたら話を聞く ☐ 気分転換に場所を変える ☐ 泣きやまない場合は、体調が悪くないか確認する	☐ .... ☐ .... ☐ ....
【5歳〜】	☐ 落ち着くまで見守る ☐ 泣いている理由を聞く。ひたすら聞き役になる ☐ 泣きやまない場合は、体調が悪くないか確認	☐ .... ☐ ....
【共通】	☐ 穏やかなときに「泣いているときはどうしてほしい？」と聞き、安心できる方法を一緒に考えてみる	☐ ....

離乳食スタートの準備

離乳食を始める前に知っておきたいポイントと準備アイテムをチェックしましょう。

産前

0歳

1歳

2歳

3歳

4歳

5歳

★離乳食とは、赤ちゃんが母乳や粉ミルク以外からも栄養がとれるように練習するための食事です。この先、幼児食、大人の食事へと移行していくためのいわば土台づくり。大切なプロセスです。

★離乳食の開始時期は一般的に生後5ヶ月からと言われていますが、赤ちゃんが食べ物に興味を示し始めるなど、「離乳食スタートOKのサイン」（右ページ参照）が現れたら始めるのがいいでしょう。

★生後6ヶ月を過ぎると母乳やミルクだけでは栄養が不足していきます。貧血になる可能性もあるので、生後7ヶ月になる前には離乳食を始めましょう。

★食事の時間はできるだけ毎日決まっていたほうが生活リズムは整いますが、多少ずれてもかまいません。離乳食をイヤがるとき、遊んでしまうときなどは無理にあげようとせず、徐々に食べられるようになれば大丈夫です。

★「離乳食を始めたのにあまり食べてくれない……」という場合も心配しなくて大丈夫。焦らず気長に進めてください。ベビーフードならよく食べるという子もいるので試してみるのもおすすめです。

離乳食スタート前のチェックリスト

▶赤ちゃんの様子

- ☐ 生後5ヶ月頃を過ぎている
- ☐ ママやパパが食べる様子を興味ありそうに見ている
- ☐ 食べ物を見るとよだれが垂れる
- ☐ 食べ物を口まで持っていくと自然と開ける
- ☐ 支えがあれば5秒以上イスに座れる

↓

・・・・・・・・・・ちゃんの離乳食デビューは

月　　　日予定

Mini Column みんなの体験談！

お子さんの好きな離乳食メニューは？

●初期

「にんじん」（たんたん）、「バナナ」（はるママ）、「ごはん」（yonako）、「かぼちゃペースト」（まめ）

●中期

「にんじん、かぼちゃ」（たんたん）、「納豆がゆ、パン、果物全般」（はるママ）、「ごはん、スパゲッティ」（yonako）、「野菜スープ」（まめ）

●後期

「納豆、ハンバーグ、フレンチトースト」（たんたん）、「味噌汁、ブルーベリー、パン」（はるママ）、「ごはん、赤ちゃんカレー、スパゲッティ」（yonako）、「ハンバーグ、パン」（まめ）

●完了期

「スイカ、とうもろこし」（たんたん）、「のり巻きごはん」（かんかんママ）、「コーンスープ、麺類、卵焼き」（はるママ）、「ごはん、カレー、中華丼、やきそば」（yonako）、「ごはん、カレー」（まめ）

▶準備グッズ

〔調理用〕

- ☐ 裏ごし器
- ☐ すり鉢・擦り棒
- ☐ 小鍋
- ☐ 離乳食用はさみ
- ☐ 冷凍用小分け保存カップ

★あると便利！

- ☐ ブレンダーやフードプロセッサー
- ☐ お粥専用調理器

〔食器〕

- ☐ 離乳食用スプーン
- ☐ ベビー用食器
- ☐ ベビー用スプーン・フォーク
- ☐ ストローマグ

〔その他〕

- ☐ お食事用エプロン
- ☐ レジャーシート

  （食べこぼしても掃除がしやすい）

- ☐ テーブル付きベビーチェア

  （おすわりが安定し、対象月齢になってから使用）

- ☐ 育児ノート

  （食べた時間や食べた食材を記入しておくと、万が一のときも安心）

離乳食の見通し表

離乳食はどのようにステップアップしていくのか、時期別の目安量も一緒にご紹介します。

産前

0歳

1歳

2歳

3歳

4歳

5歳

離乳食初期

★★ ごっくんの頃 **5〜6**ヶ月

［回数］

1日1回

［1回の目安量］

10倍粥ひとさじから始め、徐々に量と種類を増やしていきます。

［形状］

液体にかなり近い形状です。お粥は裏ごししてなめらかにし、野菜は茹でてすりつぶしてからあげましょう。

［進め方］

初めて食べる食材は1日1さじが基本。翌日から1さじずつ増やしていきます。最初の1週間は米粥のみ。2週目は野菜、3週目には豆腐などのたんぱく質をプラスします。湿疹や発作が出たときに病院を受診できるよう、離乳食は午前中がベター。

※卵は離乳食に慣れた初期〜、固茹でしすりつぶした卵黄を小さじ1/8程度から様子を見て進めましょう。

離乳食中期

★★ もぐもぐの頃 **7〜8**ヶ月

［回数］

1日2回

［1回の目安量］

2回食の開始時は、1回目の1/3ほどの量から始め、少しずつ増やしていきましょう。この時期の目安量はお粥50〜80g、野菜や果物は20〜30g、肉や魚は10〜15g（豆腐なら30〜40g、乳製品なら50〜70g）程度です。個人差があるので、多少の増減は気にしなくても大丈夫。

［形状］

豆腐のように舌で押しつぶせるくらいの硬さを目指しましょう。裏ごしやすりつぶしは必要ですが、ツブツブ感は残します。

［進め方］

離乳食開始から1ヶ月以上たち、1食分食べきれるようになったら**2回食**へステップアップ。主食と副菜を組み合わせ、バランスよく食べましょう。だし汁を使うと食が進むかもしれません。

こんなとき、どうする❓

Q 中期の途中から
ステップアップしません。

月齢はあくまで目安。赤ちゃんの食べる力の発達には個人差がとても大きいので、焦らなくても大丈夫です。片栗粉などでとろみをつけたり、味付けを変えたり、食の好みを探っていきましょう。

Q 家では離乳食を食べないのに
保育園では食べています。原因は？

周りの雰囲気によって、食べたり食べなかったりする子どももいます。医師からの指導や成長曲線に問題がなければ、様子をみてみましょう。

離乳食後期

⭐ **かみかみの頃　9〜11ヶ月**

[回数]

1日3回

[1回の目安量]

お粥なら90g、軟飯なら80g、野菜や果物は30〜40g、肉や魚は15g（豆腐なら45g、乳製品なら80g）程度が目安です。個人差があるので、多少の増減は気にしなくても大丈夫。

[形状]

ご飯は大人のお粥くらい、その他の食材は熟れたバナナくらいの硬さが理想です。完了期に向け少しずつ硬くしていきます。

[進め方]

手でつかんで食べる「手づかみ食べ」を始める時期。自分で食べることで食への意欲が増していきます。野菜スティックや蒸しパンなど、一品だけでも手づかみで食べやすい料理があると◎。テーブルの下にレジャーシートを敷けば食べこぼしても安心です。

離乳食完了期

⭐ **ぱくぱくの頃　1歳〜1歳6ヶ月**

[回数]

1日3回（＋おやつ1〜2回）

[1回の目安量]

軟飯なら90g（ご飯なら80g）、野菜や果物は40〜50g、肉や魚は15g〜20g（豆腐なら50〜55g、乳製品なら100g）程度が目安です。おやつは食事で足りない分を補う「第4の食事」。離乳食に影響しない程度の量・カロリーにしましょう。

[形状]

ご飯は基本的に軟飯で、慣れたらご飯へ移行します。麺類はよく茹で2cmほど、茹でた野菜も1cmほどに切ります。肉団子くらいの硬さがベスト。

[進め方]

1日3回、大人の食事時間帯に近づけていく頃です。寝かしつけに影響がないよう、夕食は遅くとも19時より前にすませるのを目標に。おやつも時間を決め、食事のリズムを整えます。味は素材の味を活かした薄味が基本で、調味料はほんの少し加える程度に。

離乳食で使える食材、使えない食材

離乳食を進めるうえで気をつける食材を確認しましょう。

★離乳食がスタートしたらさまざまな食材から栄養をとるのが理想的です。味や食感の違いを知り、食べる楽しさを伝えるのも離乳食の大きな役割。しかし、離乳食の時期には食べられないNG食材もあります。

★0歳児に絶対あげてはいけないのは、はちみつです。ボツリヌス症を予防するため1歳まで食べさせてはいけません。はちみつに含まれるボツリヌス菌がお腹の中で毒素をつくり、命を落とす可能性があるためです。そばや甲殻類など、アレルギーの症状が強く出やすい食材もまだNG（青魚は後期からあげてもよいですが、鮮度のよいものを十分加熱して）。食中毒のおそれがあるすべての刺身や生のお肉もあげないでください。抵抗力の弱い乳幼児が食中毒を起こすと重症化しやすいので、注意が必要です。

★もちやナッツ類など、のどにつまる危険のあるものもNG。食べてよい食材でも、ミニトマトやぶどうなどは窒息につながりやすいため小さくカットし、皮があるものはむきます。

※アレルギー症状が出た場合はすぐに受診を。自己判断をせず、医師の指導に従いましょう。

※周りの人からお菓子をもらい、うっかりアレルギー症状の出る食材を食べてしまう場面があるかもしれません。気をつけたい食材は家族で共有し、子どももひとりで食べさせないように注意しましょう。

時期別 赤ちゃんが食べられる食材チェックリスト

NG食材

はちみつ、生もの、そば、甲殻類、もち、ナッツ類、たこ・いか、塩分・油分・脂肪分の高いものや刺激物など

▶初めて食べさせるときに特によく様子を見てあげる必要のある食材

（乳幼児期の食物アレルギーの主要原因食物）

※初めて食べさせるときは病院があいている日の午前中にほんの少しから始め、食べたあとの様子をよく観察しましょう。

(卵)　(牛乳)　(小麦)　その他、果物、肉、魚、大豆など

○その時期に適した形状にすれば食べられるもの / △注意すれば少量を食べていいもの / ✕まだ食べさせないほうがいいもの

〔炭水化物〕

食材	5〜6ケ月頃	7〜8ケ月頃	9〜11ケ月頃	1歳〜1歳半頃	初めて食べた日
白米	○	○	○	○	／
食パン	△	○	○	○	／
ロールパン	✕	✕	△	○	／
オートミール	△	○	○	○	／
うどん	○	○	○	○	／

食材	5〜6ケ月頃	7〜8ケ月頃	9〜11ケ月頃	1歳〜1歳半頃	初めて食べた日
そうめん	○	○	○	○	／
スパゲッティ	✕	○	○	○	／
中華麺	✕	✕	✕	○	／
じゃがいも、さつまいも	○	○	○	○	／
里芋	✕	○	○	○	／
ホットケーキミックス	✕	✕	△	○	／

〔ビタミン・ミネラル〕

食材	5〜6ケ月頃	7〜8ケ月頃	9〜11ケ月頃	1歳〜1歳半頃	初めて食べた日
にんじん	○	○	○	○	／
かぼちゃ	○	○	○	○	／
大根・かぶ	○	○	○	○	／
トマト	○	○	○	○	／
ほうれん草・小松菜	○	○	○	○	／
ブロッコリー	○	○	○	○	／
キャベツ・レタス	○	○	○	○	／
なす	△	○	○	○	／
きゅうり	○	○	○	○	／
とうもろこし	○	○	○	○	／

食材	5〜6ケ月頃	7〜8ケ月頃	9〜11ケ月頃	1歳〜1歳半頃	初めて食べた日
オクラ	✕	○	○	○	／
もやし	✕	✕	○	○	／
ねぎ・にら	✕	△	○	○	／
玉ねぎ	○	○	○	○	／
きのこ類	✕	✕	△	○	／
わかめ	✕	○	○	○	／
ひじき	✕	○	○	○	／
バナナ	○	○	○	○	／
りんご	○	○	○	○	／

〔たんぱく質〕

食材	5〜6ケ月頃	7〜8ケ月頃	9〜11ケ月頃	1歳〜1歳半頃	初めて食べた日
豆腐	○	○	○	○	／
高野豆腐	△	○	○	○	／
納豆	✕	○	○	○	／
水煮大豆	△	○	○	○	／
鶏卵	△卵黄のみ	△	○	○	／
しらす干し	○	○	○	○	／
鯛・たら	○	○	○	○	／
鮭	✕	○	○	○	／
さば	✕	✕	○	○	／
ツナ水煮缶	✕	○	○	○	／
鰹節	✕	○	○	○	／

食材	5〜6ケ月頃	7〜8ケ月頃	9〜11ケ月頃	1歳〜1歳半頃	初めて食べた日
はんぺん・ちくわ・かまぼこ	✕	✕	✕	△	／
プレーンヨーグルト	○	○	○	○	／
粉チーズ	✕	△	○	○	／
溶けるチーズ	✕	✕	△	○	／
牛乳	△加熱	△加熱	△加熱	○	／
鶏ささみ	✕	○	○	○	／
鶏むね肉・鶏もも肉	✕	△	○	○	／
豚赤身肉	✕	✕	△刻む	○	／
牛赤身肉	✕	✕	△刻む	○	／
ソーセージ・ベーコン・ハム	✕	✕	✕	△	／

成長・発達ごとに必要なこと　　　　　　▶ 1歳半〜5歳

幼児食のポイント

離乳食を卒業した後は幼児食デビュー。その際に注意したい食材を見ていきましょう。

★幼児食とは、食事だけで必要な栄養がとれるよう調理した幼児向けの食事のこと。奥歯が生えてきたら幼児食を始める目安です。幼児期はそしゃくの練習期間でもあるので、成長に合わせた硬さに調整しましょう。

★味覚を育むために、素材の味を活かした薄味を心がけましょう。

★この時期になると食べられる食材は増えますが、おもちやお団子など弾力があるものは窒息の可能性があるので危険です。あたえるなら4歳頃から小さく刻んで気をつけながら。生ものも食中毒の危険があるので、積極的にはあたえません（2歳を超えて消化器官が整えば、刺身などを食べられるひとつの目安になります。最初はごく少量ずつから、食中毒に気をつけて新鮮なものをあたえましょう）。

★おやつには、食事で補えない栄養をカバーする役割があります。そのため、ふかし芋やバナナ、乳製品、青菜をまぜたおにぎりなど、栄養が豊富なものを食べるのが理想。ですが、大人の余裕と折り合いをつけて市販のお菓子を併用するのが現実的です。また、「ご飯が苦手なのに、自分でつくったおにぎりは喜んで食べた」「おやつづくりでいちごを使ったら、苦手だったのに食べられるようになった」という子もいます。おやつタイムを上手に活かし、食への関心を高められるといいですね。

幼児食で気をつけたい食材

▶**食べさせてはいけないもの**

☐ 辛いもの・刺激が強いもの

☐ カフェインの多い飲料

▶**食中毒の心配があるもの**

☐ 生もの

※2歳を超えて消化器官が整えば、刺身などを食べられるひとつの目安になります。最初はごく少量ずつから、食中毒に気をつけて新鮮なものをあたえましょう。

▶**アレルギーの心配があるもの**

☐ そば　　☐ えび　　☐ かに

※具体的にいつからOKという決まりはありませんが、消化器官が発達した頃（2〜3歳）からごく少量ずつ始めるとよいとされています。

▶**窒息の心配があるもの**

☐ もち：粘着性があって飲み込みづらいので、4歳頃から小さく刻み、気をつけてあたえる

☐ 団子：つるっとしているので危険。積極的にはあたえない

☐ ナッツ類：豆類は気管に入りやすく硬いため、5歳以下は食べさせない

☐ グミ：4歳以上になってから気をつけてあたえる

▶**窒息の心配があり、小さく刻む必要があるもの**

☐ プチトマト　　　　☐ カップゼリー

☐ ぶどう　　　　　　☐ ソーセージ

☐ りんご　　　　　　☐ こんにゃく

☐ さくらんぼ　　　　☐ えび・貝類

☐ 生のにんじん　　　☐ たこ・いか

☐ 棒状のセロリ　　　☐ のり

☐ 水菜　　　　　　　☐ 鶏ひき肉のそぼろ煮

☐ きのこ類　　　　　☐ ゆで卵

☐ うずらの卵　　　　☐ 煮魚

☐ 球状のチーズ　　　☐ マシュマロ

参考：日本小児科学会「食品による窒息 子どもを守るためにできること」

▶**湯通ししたほうがよいもの**

☐ 漬物

┌─ ＿＿＿＿ちゃんの食事についてのメモ ─┐

※親以外の人と過ごすときにこのメモを切り取って渡せます。

［アレルギー食材］
例：卵白

☐ ＿＿＿＿＿＿＿＿＿＿
☐ ＿＿＿＿＿＿＿＿＿＿
☐ ＿＿＿＿＿＿＿＿＿＿
☐ ＿＿＿＿＿＿＿＿＿＿

［まだ食べさせていないもの］
例：チョコレート、飴、甘いジュース、甲殻類

☐ ＿＿＿＿＿＿＿＿＿＿
☐ ＿＿＿＿＿＿＿＿＿＿
☐ ＿＿＿＿＿＿＿＿＿＿
☐ ＿＿＿＿＿＿＿＿＿＿

［気をつけたいこと］
例：ぶどうなど丸いものは窒息の心配があるので小さく切って

☐ ＿＿＿＿＿＿＿＿＿＿
☐ ＿＿＿＿＿＿＿＿＿＿
☐ ＿＿＿＿＿＿＿＿＿＿
☐ ＿＿＿＿＿＿＿＿＿＿

［好き・よく食べるもの］
例：麺類、バナナ、煮たにんじん

☐ ＿＿＿＿＿＿＿＿＿＿
☐ ＿＿＿＿＿＿＿＿＿＿
☐ ＿＿＿＿＿＿＿＿＿＿
☐ ＿＿＿＿＿＿＿＿＿＿

［嫌い・食べられないもの］
例：生野菜、酢の物

☐ ＿＿＿＿＿＿＿＿＿＿
☐ ＿＿＿＿＿＿＿＿＿＿
☐ ＿＿＿＿＿＿＿＿＿＿
☐ ＿＿＿＿＿＿＿＿＿＿

歯磨きの進め方

0歳から必要な歯のケア。年齢別の歯の状態とお手入れ方法を紹介します。

産前

0歳

1歳

2歳

3歳

4歳

5歳

★生後5〜6ヶ月頃に下の歯から生えてくる子が多いですが、歯の生え始めは個人差が大きく、生後2ヶ月頃から生えてくる子もいれば、1歳近くになっても生えてこない子もいます。

★ 生後5〜6ヶ月になったら歯磨きの「慣らし」として、赤ちゃんに自分の歯ブラシを握らせる、口の中をガーゼや綿棒で拭くなどを始めましょう。

★1歳を過ぎると自分で歯ブラシを持って親のやり方を見ながら歯を磨き始める子もいますが、最後は必ず大人が仕上げ磨きをしましょう。できれば小学校低学年までは仕上げ磨きを。

★仕上げ磨きは、子どもを膝の上に寝かせ、歯ブラシをペンのように持ち、力を入れすぎないよう入念に磨きます。上の歯は唇と歯茎をつなぐ筋を指でガードしながら磨き、奥歯は指で子どもの口の中を少し持ち上げて磨きます。ほっぺと触れている奥歯の外側に汚れがたまることもあるのでよく磨きましょう。

★歯磨きをイヤがるときは、「5までカウントする間に歯ブラシを持った人が勝ち」など、競争要素を入れると子どもが乗り気になるかもしれません。また絵本などを見せながら歯磨きの大切さを伝えると、自ら進んでやるようになる確率がアップします。

年齢別の歯みがきのポイント

0歳

この時期の歯の状態

下の前歯、上の前歯の順に2本ずつ生えます。1歳近くになると上下の4本ずつ生えてくる子も。

0歳　ヶ月時の歯の状態
（上　本下　本）

磨き方のポイント

- 生後5〜6ヶ月：濡らしたガーゼや歯磨きシートで拭く。
- 歯が生えてきたら、大人が歯ブラシで磨く。
- フッ素入り歯磨き粉は濃度500ppm（泡状なら1000ppm）までのものを「切った爪ほど」の少量なら使用OK（2歳まで）。

1歳

この時期の歯の状態

奥歯（第1乳臼歯）が生え、その後、犬歯が生えます。

1歳　ヶ月時の歯の状態
（上　本下　本）

磨き方のポイント

- 大人が歯ブラシで磨く。
- 興味を持ち始めたら、大人が磨いているところを見せたり、マイ歯ブラシを持たせる。
- 子どもが自分で磨き始めたら、歯磨き中の転倒に要注意。
- 歯ブラシ事故の救急搬送は1〜2歳児が多い。

2歳

この時期の歯の状態

2歳半ぐらいまでの間に奥歯（第2乳臼歯）が生えます。これで乳歯が生えそろうことに。

2歳　ヶ月時の歯の状態
（上　本下　本）

磨き方のポイント

- イヤイヤ期：アプリや絵本を活用して「歯磨き＝楽しい」と思うようにして誘う。
- どうしても「イヤ」だったら、少し時間をあけて、誘う。
- 自分で好きな歯ブラシを選ばせて、歯磨き好きに。
- うがいの練習を始める。

3歳

この時期の歯の状態

3歳になってから乳歯20本がすべて生えそろう子もいます。

3歳　ヶ月時の歯の状態
（上　本下　本）

磨き方のポイント

- フッ素入り歯磨き粉は濃度500ppm（泡状なら1000ppm）までのものを5mm以下なら使用OK（5歳まで）。
- 仕上げ磨きはイスに座ったままでもOKに。

4歳

この時期の歯の状態

歯の数は3歳のときとほぼ同じ。

4歳　ヶ月時の歯の状態
（上　本下　本）

磨き方のポイント

- 食べられるものが増え、虫歯リスクもアップする時期。
- しっかり大人が仕上げ磨きを。
- 歯の生え際に白斑（虫歯のサイン）がないかをよく見て、ある場合は早めに歯医者へ。

5歳

この時期の歯の状態

歯の数は4歳のときとほぼ同じ。早い子では永久歯に生え変わるために歯がグラグラし始めます。

5歳　ヶ月時の歯の状態
（上　本下　本）

磨き方のポイント

- 力が強くなり、歯ブラシがいたみやすくなる時期。
- 歯ブラシを後ろから見て、左右に毛が広がっていたら交換。
- 歯の生え変わりの影響で歯と歯の隙間が大きくなる子も。歯間にたまる食べ物のカスをデンタルフロスで取って。

※フッ素＝フッ化物、フッ素化合物のこと

卒乳、断乳のスケジュール

スムーズに断乳、卒乳をするためにどんな準備をし、進めればいいのかを確認してみましょう。

★「卒乳」と「断乳」は、どちらも授乳をやめることをいいます。「卒乳」は子どもの意思でおっぱいを卒業する際に使われ、「断乳」は親の意思で授乳をやめるタイミングを調整するときに使われます。

★始める時期はさまざまですが、右ページのような項目が当てはまるなら検討してもよいでしょう。また断乳すると乳腺炎などのトラブルが起きる心配もあるので、母乳外来など相談先を確認しておきましょう。

★仕事復帰などを理由に断乳するなら、計画的に進めましょう。断乳する日を子どもに伝え、少しずつ授乳回数を減らしていきます。ママを見るとおっぱいを飲もうとする子どもも多いので、おっぱいを欲しがったらパパや家族と外出してもらうなど、家族みんなで進めるのが理想です。

★WHO（世界保健機関）では精神面の安定など理由に2歳までの授乳を推奨しています。うまくいかないときは焦らず「1ヶ月先延ばしにする」「夜の授乳は続ける」など断乳方法を一度ゆるめてみても。ママの病気や保育園入園を機に、すんなり卒乳する子どももいます。必ず終わりがあるので、無理せず取り組んでくださいね。

産前

0歳

1歳

2歳

3歳

4歳

5歳

卒乳・断乳のスケジュール表

卒乳前の確認事項にすべてチェックが付いたら、
下記のスケジュールに日付を書き込んで予定を立ててみましょう。

▶卒乳・断乳前のチェックポイント

☐ コップで飲み物を飲める

☐ おっぱいをくわえるだけで吸わない

☐ おっぱいを飲み始めてもすぐ飽きる

☐ ママが断乳しようという意思がある

☐ 断乳初日〜1週間くらいの間、家族が早く帰ってこられる

☐ 乳腺炎になった場合の相談先を検討しておく

▶卒乳・断乳までのスケジュール

断乳スタート1ヶ月くらい前
……「おっぱいとさようならしてみようか」と話す

⬇ ___月 ___日

断乳スタート3週間くらい前
……少しずつ授乳時間を減らす
ストローやコップ飲みの練習を始める

⬇ ___月 ___日

断乳スタート1週間くらい前
……「あと〇日でおっぱいとさようならだよ」とカウントダウンを始める

⬇ ___月 ___日

断乳スタート
……「これでおっぱいはバイバイだよ」と話す。この日から3日間は泣いてもあげない。ぐずったら家族があやすなどする

⬇ ___月 ___日

断乳4〜7日目
……まだおっぱいを欲しいと泣く

⬇

時期を改める・昼だけの断乳にする

⬇ もう泣かない

断乳完了！

おっぱい、お疲れ様でした！

イヤイヤ期の対応

自我が芽生えることで始まるイヤイヤ期は子どもの成長に必要な過程です。
大人がストレスフルにならないよう、できるだけ大らかに構えて。

産前

0歳

1歳

2歳

3歳

4歳

5歳

★イヤイヤ期とは、1歳半頃から3歳頃までの子どもに現れる特徴です。「魔の2歳児」などと呼ばれ、親にとっては手を焼く時期ですが、子どもの成長の上では自我が芽生え、「自分」が出てくる自立へのとても大事な一歩です。

★イヤイヤ期の親の対応として、もっとも基本になるのは「子どもの気持ちを受け止めてあげる」こと。「○○がしたいんだね」「○○するのはイヤなんだね」と気持ちを代弁して共感してあげましょう。

★お風呂に入る、着替えるなどをイヤがって困るときは、次のような方法を試してみましょう。シーンに合わせて臨機応変に！

●やるべきことの見える化
「もっと遊びたいね」の一言があったうえで、「でもお風呂に入るよ」とするべきことを伝えます。言葉だけでは魅力的ではないので、お風呂で遊ぶおもちゃなどを見せるのがおすすめ。目に見えるとわかりやすく、子どもが見通しをつけることにつながります。

●いくつか提案して自分で選んでもらう
　自分で決めること（自己決定）で行動につながります。「こっちの青い靴下とこっちの電車の靴下、どっちがかっこいいかな〜」など。

●遊びにもちこむ
　たとえば歩くのをイヤがるとき、「赤いポストまで競走だよ、　どっちが速いかな〜」など遊びの要素を入れて誘ってみましょう。

イヤイヤ期の対応フローチャート

言葉では「イヤ」と言っていますが、ほかに気持ちの伝え方がわからないだけのことも。
とはいえ、「イヤ」と言われ続けるのは大人もつらいもの。
大人の心のモヤモヤも減らせるようにしてみてくださいね。

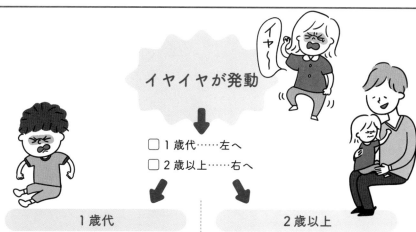

イヤイヤが発動

☐ 1歳代……左へ
☐ 2歳以上……右へ

1歳代

 とことん好きにやらせる

2歳に比べて言葉で伝える力が弱いので、やりたいことを止められると激しく泣き出すことも。危険でない限り、飽きるか満足するまでやらせてましょう。その後に約束などがあると焦るので、この時期はスケジュールに余裕を持たせておくと、ママもストレスが少なくて済みます。

 別のことで気分転換

2歳に比べるとこだわりが強くないことが多い時期です。たとえばママが最初に見せた本がイヤなら、「じゃあ、こっちとこっちの本はどう?」と、違う本を見せて提案すると、案外すんなり納得することも。

☐ **少し離れたところで見守る**

何をしてもダメなときもあります。ママが疲れ切ってしまわないように、危険がないことを確認し、子どもから少し離れて見守りましょう。しばらくするとお互いに気分が落ち着いてきます。

2歳以上

 本人がしたいことを聞く

1歳よりもコミュニケーション能力がついており、言葉で一生懸命に伝えようとしているのに、うまく伝わらないことからイヤイヤが発動していることも。根気強く本人がどうしたいかを聞いてあげるのもいいでしょう。その際落ち着いたトーンで聞くのがコツ。自分の言葉がママに伝わると達成感にもつながります。

 気持ちに寄り添う・代弁する

子どもの気持ちを代弁して共感してあげると、自分の言いたいことが伝わっているということから安堵して落ち着くことがあります。この「代弁、共感法」は、イヤイヤ期はもちろん小学校低学年の子どもに対しても効果的です。

☐ **本人が気持ちを立て直すまで見守る**

自分でやりたいのにうまくできないことでイライラし、それが癇癪につながっていることも。「どうしたの?」「何がしたいの?」と声をかけると逆効果になり、イヤイヤが加速してしまうこともあります。こんなときはあえて声かけせずに、本人が納得して気持ち立て直すところまで見守りましょう。

※大人がつらく感じるときは支援センターや行政の窓口などで相談してみましょう。

トイレトレーニングの進め方

自立の大きな一歩となる**トイレトレーニング**。焦らずじっくり、段階を踏んで進めることが大切です。

★**トイレトレーニング**とは、子どもが自分からトイレに行って排泄できるように促すことです。短期間で終わることはまれで、じっくり時間をかけるものと考えたほうがママのストレス減に。

★先輩ママたちへのアンケート（ninaru baby による）では、実際にトイレトレーニングを始めた時期は2歳～ 2歳5ヶ月がもっとも多く、また約8割の人が春夏に開始しています。

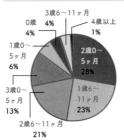

トイレトレーニングを
始めたときの子どもの年齢

0歳 4%
3歳6～11ヶ月 4%
4歳以上 1%
1歳0～5ヶ月 6%
2歳0～5ヶ月 28%
3歳0～5ヶ月 13%
1歳6～11ヶ月 23%
2歳6～11ヶ月 21%

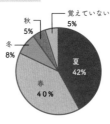

トイレトレーニングを
始めた季節

覚えていない 5%
秋 5%
冬 8%
夏 42%
春 40%

★子どもの発達には個人差が大きいので、年齢で区切るよりも、「うんち、おしっこをママに伝えられる」「おしっこの間隔が少なくとも1時間半あく」などをスタートの目安にしましょう。

★保育園に通っている場合は、保育園で先にトイレトレーニングをする場合があるので、家でも保育園のやり方に則って進めたほうが効率よくできます。

― トイレトレーニングの進め方 ―
あると便利なものリスト

トイレトレーニングの進み方には個人差が大きいので、うまくいかない場合は、
前のステップに戻る、あるいはしばらくお休みしてみても OK！

▶ **トイレトレーニングを始める前にチェック**

☐ ひとりで立ってトイレまで歩いていける

☐ うんち、おしっこを大人に伝えられる（仕草を見せる）

☐ おしっこの間隔が少なくとも１時間半あく

▶ **トイレトレーニングの進め方**

昼間のトイレトレーニング卒業！

Step 1 おしっこやうんち、トイレに興味を持たせる

期間：　　月　　日～　　月　　日

おしっこやうんちはどんな役割をしているのか、トイレはどんなことをする場所なのかを絵本やアプリ、お世話人形などを使って伝えていきましょう。

［あると便利なもの］

☐ うんちやおしっこなどをテーマにした絵本

☐ トイレトレーニング用のアプリ

☐ お世話人形

Step 2 トイレやおまるに誘い、おしっこをさせる

期間：　　月　　日～　　月　　日

遊びの集中力が途切れたとき、寝る前など定期的に「トイレでおしっこしよう」と誘ってみましょう。トイレをイヤがるときは明るい場所に置いたおまるでも OK。トイレでおしっこが出たらたっぷりとほめて。それが自信につながります。

［あると便利なもの］

☐ トイレをデコレートするかわいいシール

☐ 補助便座・おまる　　☐ 踏み台

☐ おしっこがかかると絵が浮き出るシート

Step 3 トレーニングパンツで日中を過ごす

期間：　　月　　日～　　月　　日

トイレでおしっこができる回数が増えてきたら、日中はトレーニングパンツで過ごし、自分からおしっこを伝える練習を。普通のパンツではなく、専用のトレーニングパンツを4〜5枚程度用意するのがおすすめです。使い捨ての紙製トレーニングパンツもあります。

［あると便利なもの］

☐ トレーニングパンツ　　☐ 衣類用漂白剤

☐ 着脱しやすいボトムス

Step 4 オプション　夜のおしっこやうんちにトライ

うんちや夜のおしっこは、昼のおしっこができるようになってから取り組んでOK。うんちも出そうな様子が見られたら声かけを。夜のおしっこは親が寝る前、明け方などに起こしてトイレへ。次第に夜中に起こす回数を減らし、おむつの中におしっこすることがなくなってきたら、寝るときもトレーニングパンツにしてみましょう。

［あると便利なもの］

☐ おねしょシーツ　　☐ 懐中電灯

☐ トイレのデコシール
（うんちはトイレの滞在時間が長いので）

☐ うんちについて書かれた絵本

保育園の種類・保活

保育園にはさまざまな種類があり、希望の園に入るための活動を「保活」
と呼びます。

産前
0歳
1歳
2歳
3歳
4歳
5歳

★保育園選びのポイントは、子どもが毎日の通園を楽しめ、親も安心して送り出せることです。子どもにとってどんな環境がよいかを家族で話し合い、大事にしたいことの優先順位をつけましょう。

★保育園には次の3種類があります。検討する園はできるだけ見学に行き、雰囲気や通いやすさなどを確かめましょう。地域によっては待機児童が多く、特に認可保育園は激戦となることも。役所の窓口等で申し込み要綱を早めに入手し、「自治体が定める入園基準（点数・指数）」「倍率や内定指数（公開している自治体）」「落選した場合の選択肢（二次申し込み・認可外・育休延長等）」を検討しましょう。提出が必要な書類が多いので、早めに手配しておくと安心です。

［認可保育園］

厚生労働省の定めた基準を満たした施設のことで、自治体が運営を統括しています。よって、入園許可を出したり、所得による保育料を定めるのは各自治体。助成が大きく、基準を満たした施設である安心感から多くの人が希望します。

［認定こども園］

教育・保育一体型で、内閣府が管轄。自治体が統括しており、申し込み手続きは認可保育園と同じです。保育園／幼稚園がベースの園、その中間などさまざまな種類が。

［認可外保育園］

自治体を通さずそれぞれの園に直接入園申し込みをします。認可に比べると園庭が狭い、保育料が高め、保育士の人数が少ないなどデメリットもありますが、夜間預かりがあったり、個人のニーズに合わせてくれます。自治体ごとの基準を満たした認可外で「認証保育園（東京都）」「家庭保育室」「ナーサリールーム」などと呼ばれるところもあり、保育料の助成を受けられる自治体もあります。

保活のスケジュール・やることリスト

ここではモデルスケジュールをご紹介しますが、具体的な時期は自治体によって異なります。
自治体の申し込み要綱を確認して時期を書き込みましょう。

入園希望：＿＿＿＿＿歳児クラス（満＿＿＿＿歳で入園する年度／＿＿＿＿年）

▶ **認可保育園**（または認定こども園）に**4月入園**を希望する場合　　※前年の遅くとも9月頃から保活をスタート！

時期	やること	チェックポイント
4～9月頃	☐ 認可保育園の情報収集 ☐ 自治体のHPをチェック ☐ 認可保育園の申し込み要綱・申請書を入手 （役所の保育課の窓口やHP等で） （すべての認可保育園に落選する可能性が高い場合） ☐ 落選した場合の選択肢を検討 （二次申し込み・認可外保育園・育休延長等） ☐ 認可外保育園の情報収集	（認可保育園） ☐ 自宅から通える保育園と募集人数 ☐ 申し込み期限 ☐ 自治体が定める入園基準（点数・指数） ☐ わが家の点数・指数 ☐ 倍率や内定指数（公開している自治体） ☐ 自治体の保育課窓口で相談 （認可外保育園） ☐ 自治体の基準を満たしているか ☐ 保育料（自治体からの助成があるかも含め）
書類を入手したらなるべく早く	☐ 必要書類の手配（課税証明書、勤務証明書等）	☐ 勤務先で勤務証明書に記入してもらう ☐ 課税証明書の取得（必要なら）
4～10月頃	☐ 見学の予約 ☐ 見学 ※感染症流行下や出産直後で見学が難しい場合は、できる範囲で知人や子育てサロン、ネットで公開されている第三者評価（有無は地域による）などで情報を集める ☐ 希望順位を考える	（園選び・見学時のポイント） ☐ 園の雰囲気が子どもに合っていそうか ☐ 保育の方針・形態（一斉保育、自由保育、縦割保育など） ☐ 園庭の有無や大きさ・保育室の広さ ☐ 安全面の配慮・防犯対策 ☐ 先生の雰囲気や人数 ☐ トイレ、洗面所の清潔さ ☐ 通園のしやすさ（駐車場・駐輪場の有無）
9～11月頃	☐ 自治体の説明会に参加（できれば） ☐ 申請書作成 ☐ 認可外保育園の仮予約（すべての認可保育園に落選する可能性が高い場合） ※予約方法や時期は施設による異なる	（申請書作成のポイント） ☐ 申請書の書き方を確認（自治体が説明会を行ったり書き方の動画を公開していることも） ☐ 申請書の下書き、清書（誰が書くか） ☐ 追加書類があれば作成（特に自営業・フリーランス） ☐ 申請書のコピー
10～12月頃	☐ 期限までに申請書と必要書類を提出　※併せて面談を受ける自治体もある	☐ 申請書の提出方法確認（窓口or郵送など） ☐ 再提出の可能性を考慮し余裕を持って提出する
2～3月頃	☐ 合否連絡 ☐ 健康診断や入園説明会 （落選の場合） ☐ 認可保育園の二次申し込み ☐ 認可外保育園に入園申し込み	☐ 合否連絡の方法（電話、手紙等） ☐ 二次申し込み期限の確認 ☐ 自治体の助成がある場合は保育課へ申請

保育園の入園準備

保育園からの説明を聞いたら、入園と仕事復帰の準備をコツコツとスタートしましょう。

★保育園への入園許可通知を受け取ったら（認可保育園に4月入園の場合は2月頃）、入園するまでの時間はあまりありません。仕事復帰のタイミングとも重なるので、準備にはなるべく早く取りかかりましょう。保育園で説明会（園での生活についてや準備するものなど）が行われる場合が多いので、よく確認しましょう。

★服装に大まかな決まりがある園がほとんどです。フードや紐のついた服は引っ張られたり遊具にひっかかるおそれがあるので避け、スカートではなくズボンを。持ち物にはすべて記名が必要なので、シールやスタンプ（ネットショップで注文できる）を用意しておくと後々までラクです。

★入園してしばらくは「慣らし保育」期間で、最初は数時間だけの預かりです。園によりますが、1週間〜3週間程度は早いお迎えに。職場復帰は慣らし保育期間を計算に入れて、特に赤ちゃんは熱を出しやすいので4月下旬以降に復帰をずらせると万全です。

★子どもの入園後は発熱時の対応が必須。家族で協力し合う、ファミリーサポート制度を利用する、病児保育の利用法を確認する、職場と話し合っておくなどの準備をおすすめします。また入園に向け、子どもに「これから保育園でお友達や先生と過ごすんだよ」と教えて気持ちの準備ができるようにしましょう。

保育園の入園準備リスト

保育園によってルールが細かく違うので、説明を受けてから揃えましょう。

▶ 多くの保育園で必要となるもの（参考）

☐ **通園バッグ**（リュック、バッグ）

☐ **着替え一式**（肌着、服上下、靴下を数セット）
※「フードつきはNG」など服装に決まりのある園も多いので、説明を受けてから揃えましょう。

☐ **布団セット**（掛布団とシーツだけでよい園も）

☐ **食事用エプロン**（園のルールを確認する）

☐ **ガーゼやタオル**

☐ **おむつ**（おしりふき・ビニール袋が必要な園も）

☐ **すべてのものの記名**（マークをつける園も）

▶ その他、通う園で必要なもの

☐
☐
☐
☐
☐
☐
☐
☐
☐
☐

Mini Column

入園前にしておくといいこと

子どもが初めて集団生活に入る前は、親も不安になるもの。でも子どもは大人の気持ちをいち早くキャッチします。子どもの今までの成長を考え、子どもの性格を肯定的にとらえたうえで、「保育園・幼稚園は子どもが安心して小学校に入っていけるアドバイスを受けられるところ」と前向きに考えましょう。

親が事前にわかっておけるとよいのは、子どものタイプです。

● 親から離れられない
　→慎重派・じっくり観察タイプ
　　家の中でひとりで挑戦しようとしていること、挑戦できそうなことはどんなこと？　一緒にやってみたらどんな反応？

● ひとりで勝手にどこかに行ってしまう
　→冒険家タイプ
　　大人と一緒にいるのはどんなとき？　お願い事をするとどんな反応？

● 友達にすぐ乱暴してしまう
　→元気いっぱいタイプ
　　どんなときにそうした行為が出ている？　そのときに気持ちを代弁してみたらどんな反応？　大人が見本の行動を見せたり、一緒にやってあげたりするとどんな反応？

子どものタイプをわかったうえで、むりやり集団に合わせるように押し出したり、行動を制限するのではなく、子どもに合う良いかかわりを園の先生に一緒に考えてもらいましょう。

※ 0歳児の場合はまだわからない部分も多いので、アレルギーや離乳食、授乳など生活面で先生に伝えたいことを確認しましょう。

幼稚園探し・幼活

子どもにとって集団生活デビューとなる幼稚園。園の選び方〜合格までにするといいことは？

★保育園は厚生労働省の管轄ですが、幼稚園は文部科学省の管轄。幼稚園は義務教育を受ける前の基礎を培うことを目的とした、3〜6歳の子どもが通う教育機関です。

★公立、私立、国立の幼稚園があり、一般的に3年保育と、2年保育があります。今は入園前の年にプレクラスを設置している幼稚園もあります。また、内閣府管轄の幼保一体型の認定こども園（P120参照）もあります。

★多くの幼稚園は入園試験や面接があります。気になる園が見つかったら、前もって説明会や、未就園児が参加できるプログラム、行事の有無、日程を確認し、なるべく参加するといいでしょう。

★実際に受験する園を絞り込んでいくうえで大切なのが、優先順位です。ママやパパが幼稚園選びで「これは譲れない」ということをあらかじめ3つほど決めておくと、絞り込む際の指針になります。

★地元の子育て広場や児童館では、近隣幼稚園の在園児ママを集めた意見交換会を開催してるところもあります。リアルな評判を聞けることもあるので、参加してみるといいでしょう。

幼活のスケジュール・やることリスト

ここではモデルスケジュールをご紹介しますが、具体的な時期は幼稚園によって異なります。希望の幼稚園が決まったら、予定を調べて時期を書き込みましょう。

入園希望：＿＿＿＿＿＿＿クラス（満＿＿＿歳で入園する年度／＿＿＿年）　※入園させたい年の約1年前から幼活をスタート！

時期	やること	チェックポイント
2月頃	☐ 幼稚園に関する冊子入手	
4月頃	☐ 幼稚園の未就園児プログラムや行事への参加を始める	☐ 園庭の有無や大きさ （未就園児プログラム参加時） ☐ 先生の雰囲気や人数 ☐ わが子が楽しそうか ☐ トイレ、洗面所の清潔さ ☐ 通園のしやすさ
5月頃〜	☐ 子育て広場や児童館主催の在園児保護者との意見交換会	☐ 気になる園の在園児ママのリアルな意見 ☐ 質問事項をママたちに聞いてみる
6〜9月頃	☐ 幼稚園主催の入園説明会、園見学	☐ 園の教育方針（就学準備重視型 or 自由保育） ☐ 園バスの有無、通園の交通手段 ☐ お弁当、給食の有無 ☐ 預かり保育の有無と時間、時期 ☐ 募集人数 ☐ 過去の入園試験の傾向と面接の主な内容
9〜10月頃	☐ 願書配布、作成	☐ 願書の書き方のポイント確認（園が説明会時に教えてくれるところもある） ☐ 願書の下書き、清書（誰が書くか） ☐ 願書のコピー ☐ 願書の内容を夫婦で共有、すりあわせ（願書をもとに面接があるため）
10〜11月頃	☐ 願書提出	☐ 願書の提出方法確認（手渡し or 郵送など） ☐ 願書の提出時間
11月	☐ 入園試験、面談	☐ ママの服装、靴、室内履き ☐ パパの服装、靴、室内履き ☐ 子どもの服装、靴下、ハンカチ、ティッシュ、室内履き（脱ぐ、履くを事前に練習）
	☐ 合格発表、抽選（国立の場合）、手続き	☐ 合格発表の方法（サイト、メール、来園） ☐ 発表後の抽選の有無（国立幼稚園に多い） ☐ 入園金の納付方法、締め切りを確認

幼稚園の入園準備

幼稚園入園前にできるようにしておきたいこと、準備しておきたいものを
チェックしましょう。

★入園する幼稚園が決まってから入園時期までおおよそ4〜5ヶ月。その間に幼稚園の入園準備をしておきましょう。子どもにとって初めての集団生活になるので、期待が持てる声かけを。また、トイレや着替えなど「ひとりでできること」をなるべく増やしたいところです。幼稚園によっては事前の説明会で「入園前までにお家でやっておいてほしいこと」を伝えられることもあります。

★幼稚園から「やっておいてほしいこと」を伝えられると、焦りから入園時にまだできていなくても「できます」と申告する方がいるようですが、それは子どもとって逆効果です。もちろん練習するのはいいことですが、個人差があるので難しい場合もあります。あくまでも子どもや親にとって無理のない範囲で大丈夫！　大切なのは、わが子のできること・できないことをきちんと把握し、その情報を幼稚園に伝えること。そうすると幼稚園側でも子どもの成長に寄り添った保育・教育をすることができます。

★制服や幼稚園生活に必要な持ち物、手づくりが必要なものについては、一般的に1〜2月頃にある入園説明会でわかります。ひとつずつに名前をつける手間を考えるとけっこう時間がかかるので、説明会後、早めに取りかかるといいでしょう。

産前

0歳

1歳

2歳

3歳

4歳

5歳

幼稚園入園までにすること&準備リスト

入園までにできるといいこと、準備するものは各園によって異なるので、
園の説明会や入園のしおりを見ながら確認し、メモしておきましょう。

▶ できるといいこと

☐ 早寝、早起きで生活のリズムをつける

☐ ひとりで着替える

☐ イスに座ってスプーンでご飯を食べる

☐ 親としばらくの間、離れられるようになる

☐ 自分の名前が言える、
　　呼ばれたら返事をする

▶ 多くの幼稚園で必要となるもの

☐ 制服・制帽

☐ 通園用靴・靴袋

☐ スモック

☐ 体操着・体操着袋

☐ カバン

☐ 上履き

☐ 外履き

☐ お弁当箱・お弁当袋

☐ コップ

☐ 箸、スプーン

☐ 歯ブラシ

☐ ナプキン

☐ サブバッグ

☐ 下着袋

☐ はさみ・のり・クレヨン

▶ その他、通う園で必要なもの

☐ ....

☐ ....

☐ ....

☐ ....

☐ ....

☐ ....

☐ ....

☐ ....

☐ ....

☐ ....

▶ その他、手づくりが必要なもの

☐ ....

☐ ....

☐ ....

☐ ....

☐ ....

☐ ....

☐ ....

☐ ....

☐ ....

☐ ....

☐ ....

保育園から幼稚園への転園

共働きファミリーが保育園から幼稚園への転園を検討する場合にするべきことは？

産前

0歳

1歳

2歳

3歳

4歳

5歳

★かつては共働き＝保育園という選択肢しかありませんでしたが、今は幼稚園のあり方が変わり、通常保育のあとに夕方まで預かり保育を実施する幼稚園が増えています。また、通っている保育園の園庭が狭い（ない）、点数が低いため希望する保育園に入園できないなどの理由から、共働きでも年少になるタイミングで幼稚園への転園を検討する家庭も増えつつあります。

★「預かり時間が長いなら幼稚園でも保育園とそんなに変わらない」という考えはNG。保育園と幼稚園では管轄省も施設の目的も異なり、多くの違いがあります。たとえば幼稚園では夏休み、冬休み、春休みがあり、「運動会の振替休日」などで休園になることもあります。また学級閉鎖もあります。幼稚園のお休みの日に仕事を調整できるよう、家族で話し合っておきましょう。

★幼稚園は親が参加すべき行事が多いので、親は仕事のやりくりが大変ですが、その半面、子どもの新たな姿や成長した姿を見る機会が増えます。また専業主婦のママなど、さまざまなママ友と知り合うチャンスができるのもメリットのひとつです。

保育園から幼稚園へ転園する場合の
チェックポイント

保育園から幼稚園への転園を検討するときに心配になることと、
それを乗り切る方法の一例をご紹介します。

	心配ごと	解決方法
普段の日	☐ 幼稚園の登園時間だと出勤時間に間に合わない	☐ 朝の預かり保育があるか確認
		☐ 朝の送迎をシッターさんなど別の人に依頼
		☐ フレックスなら出勤時間をずらす
	☐ お弁当づくりできるかな……	☐ 週末にまとめてつくって冷凍ストック
		☐ 選択制で給食を頼めるか確認
	☐ お迎えの時間に間に合わない……	☐ 預かり保育の最終時間を確認
		☐ 最終時間に間に合わない場合、シッターさんや別の人にお迎えを依頼（費用を要確認）
	☐ 平日の行事に参加できるかな……	☐ 年間、平日の行事がどれだけあるか事前に把握し、有休を確認
		☐ 家族で交互に行事に参加する
長期休暇など	☐ 夏休み、冬休み、春休みの間どうしよう……	☐ 通園予定の幼稚園の預かり保育を利用する（入園前に3季休業中の預かり保育の有無を確認）
		☐ 一時保育 OK の保育園へ預ける（費用を確認）
	☐ 感染症で学級閉鎖になったら……	☐ 家族で交互に休むようにする
		☐ 一時保育 OK の保育園へ預ける
	☐ 役員の仕事が来たらどうしよう……	☐ 前もって引き受けられる範囲が限られている旨を伝える
		☐ 少人数で担当する係よりも大人数でやる係にしてもらう
		☐ 在宅で作業ができる係にしてもらう

成長・発達ごとに必要なこと

▶ 2歳頃〜

しつけについて

2歳くらいになったら、少しずつ生活のルールを教えていきましょう。

★ しつけとは、成長段階に沿って、「生きるために必要な力」を身につけさせること。そろそろできたほうがいいなということを、言葉で説明したり、お手本を見せて伝えたりします。叱るのではなく、丁寧に教えることがしつけです。ただしケガをするような危険な行為の場合は、しっかり叱って「危ない」ということは理解させましょう。

★ 1歳代までは、危ないときはその都度止めて「危ないよ」と伝えることしかできません。2歳になると「自分でやりたい」気持ちが高まってイヤイヤ期と呼ばれる状態になりますが（P116参照）、これも立派な発達であり喜ばしいことです。

★「自分でご飯を食べる」「靴を履く」など自らチャレンジする意欲があれば、まだ上手にできなくても大らかに見守って。時間がなくてイライラしてしまうこともあるかもしれませんが、可能な限りの大らか路線が母子ともにラクな道。盛大に拒否されながらも、「こうするといいよ」と教えてあげましょう。

★ しつけを意識し始めるのは3歳くらいが目安です。保育園に通っている場合は、園での生活により自然と発達に沿ったことができるようになっていることも。

産前

0歳

1歳

2歳

3歳

4歳

5歳

4歳頃までにできるようになっているのを目指したいこと

☐ **あいさつ**

2歳過ぎから「ごあいさつは自分も相手もうれしい気持ちになる大切なことなんだよ」と教えてあげましょう。「おはよう」「おやすみ」「いってらっしゃい」「おかえり」「ありがとう」「ごめんなさい」などが言えるように。

☐ **約束をする**

「ブランコが終わったらお家に帰ろうね」「これを描いたらお風呂に入ろうね」と気持ちを切り替えられる練習をしましょう。

☐ **簡単なお手伝い**

ゴミをゴミ箱に捨てる、自分の洋服を取ってくる、玄関の靴を揃えるなど、できることから。基本的な生活習慣やマナー、助け合いながら暮らしていくということを知る最初の一歩になります。

☐ **順番が待てる**

公園などでお友達が遊具を使っていたら、「順番こだよ」と教えて待てるようにしましょう。

- -

しつけのポイント

★ まだ上手にできていないことを指摘しない。子どもなりに努力をしている場合があり、それを否定されると向上心が奪われてしまいます。

★「できた」「できない」で「評価」をせず、具体的に行ったことを「認める」言葉がけをしましょう。

★ ほかの子と比べない。発達は本当に人それぞれで、早いからいい、遅いから悪いということはありません。健診で指摘されるようなことがなければ問題ないです。

★ 親が楽しそうにやっていると（たとえば歯磨きや、靴揃えなど）マネをしたり、「楽しいことなんだ」とポジティブな気持ちを持つようになります。

★ イヤがっていることは無理強いしない。かえって「イヤなもの」という意識が強まります。そのうちふとできるようになったりするので、できるだけ大らかに見守って。

★ しつけの名を借りた体罰・暴言は行わない。子どもの自尊心を低下させるおそれがあります。

File

54

成長・発達ごとに必要なこと

教育について

子の伸びる力を信じて、自ら伸びるほうへサポートしましょう。

★教育というと勉強を想像しますが、実はもっと前段階である「しつけ」「心の成長」からそれは始まります。誰もが目指すのは、「子どもの生きる力を育む」こと。子どもはもともと、自ら学ぶ力を持って生まれています。親にできるのは、その可能性を狭めないことと、サポートをすることです。

★自己肯定感を育てるには、条件をつけず子どもを丸ごと受け止めてあげましょう。自己肯定感が育つことで挑戦する力や試行錯誤する力が育ちます。失敗しないように先回りすることとは違います。たとえば子どもがお茶をこぼしたときに怒るのではなく「こぼしても拭けばOK」にすると、「こぼした自分」が「ダメ」ではなくなります。

★早期教育を重視する七田式教育、問題意識を持つことに重点を置いたシュタイナー教育、子ども一人ひとりの発達段階を尊重するモンテッソーリ教育……世界には子どものために考えられたさまざまな教育方法があります。気になるものは考え方を調べてみても。

Mini Column

外で遊ぼう！

最近ではさまざまな教育者や研究者が、家でドリルをするより自然の中で興味の赴くまま遊び、自分ならではの「問い」と「気づき」を得る経験をたくさんしたほうがいいとしています。ドリルで培われるものは、今後AIが担っていく分野と重複するためです。自然の中で得る発見やひらめきの経験が、人間ならではの能力を開花させていくと言われています。

産前
0歳
1歳
2歳
3歳
4歳
5歳

子どもの教育のポイント

ポイント① 自立心を持とうとする子どもをサポートする

●「甘える」と「甘やかす」を区別する

子どもが「抱っこして」「一緒にいて」と言うのは子どもが親に認めてほしい「甘えたい」サインで、これにはたっぷり応えてあげることで自己肯定感が育ちます。一方で、いけないことをしたのにそれが悪いと伝えない、なんでも買ってあげてしまうなどは「甘やかす」で、子どもの判断力や自立心を低下させます。

●自分でできることは、自分でやらせる

できそうなことはチャレンジさせる。やろうと努力していることに手を出さない。または先回りしてやってしまわない。

ポイント② 可能性を伸ばす

●「褒める」だけではなく「行動自体を認める」

「逆上がりができてすごいね！」「縄跳びが上手！」と褒めることも大事ですが、うまくいかないときに「逆上がりができない自分はダメ？」「縄跳びを失敗した自分は？」と感じてしまいます。昨日より頑張ったこと、挑戦しようとしたことなど、行動自体も認めてあげましょう。失敗したときに「こうすればうまくいくかな」と自分で考える力がつきます。

●好きなことは好きなだけやらせる

好きなことを見つけたということは、宝物を手に入れたようなものです。大きく成長するチャンスなので、途中で止めたりせずどんどんやらせてあげましょう。

ポイント③ 自信をつけさせる

●子どもにウソをつかない

子どもの問いには真剣に答えましょう。答えることがすべてではなく、疑問を持った視点に共感するのもひとつです。向き合ってくれたという事実が自信をつけます。

●子どもの不安を受け止める

大人にとっては些細なことでも、子どもにとっては大問題なことも。軽んじずに受け止めてあげましょう。その上で、「大丈夫だよ」「失敗しても OK」とポジティブな言葉で励まして。

●個性を認める

ほかの子と違うところを否定的に取るのではなく、「うちの子はおもしろい」と見守りましょう。出る杭を打つと天才も育ちません。AI 化の進むこれからの時代、杭として出ている子こそ活躍すると言われています。公教育の現場も、変わる兆しを見せ始めています。

習い事を検討する

プロを目指したい場合は 3 〜 4 歳を目安に始めることも。本人が楽しめればいつ始めても OK ですが、小学生から始めても遅くはないものばかりです。

【0 〜 2 歳頃から】

ベビースイミング

水の皮膚への刺激で自律神経が発達し、風邪をひきにくくなると言われています。生後 6 ヶ月くらいから、親と一緒に楽しめます。月謝 6,500 円〜10,000 円程度。

リトミック

音楽を使った教育法で、音に合わせて体を動かすことで、リズム感、集中力、身体の成長を促します。親と一緒にできて、家でも取り組めます。費用は 1 回 1,000 円〜 3,000 円程度。児童館で開かれる教室なら 1 回あたり1,000 円以下のところも。

幼児教室

学研や公文が有名。数字や言葉を学んだり、独自の教育メソッドで才能を引き出したり。特定分野というより、子どもの能力全体を向上させたい人におすすめ。0 歳から始められるところもあります。月謝は数千円〜20,000 円程度。

英語教室

脳の成長が著しい赤ちゃんのときに耳から吸収すれば、英語を聞き取る能力を育てるのに効果的。ただ日本語を習得する時期でもあるのでバランスは考えて。月謝 5,000 円〜 9,000 円程度。

【3・4歳頃から】

サッカー

最近は女の子にも人気です。チームで取り組むため協調性がつき、試合展開が速いので判断力もつくと言われます。月謝は 2,000 円〜 7,000 円程度。

体操

運動能力、バランス能力、基礎体力を養います。柔軟性、俊敏性も身につきます。月謝 5,000 〜 7,000 円程度。

バレエ

全身にしなやかな筋肉がつき、柔軟性がつき、姿勢がよくなり、身のこなしが美しくなります。月謝 5,000 円〜 12,000 円程度。発表会では衣装代などで 3 万円以上がかかるところが多く、10 万円を超えるところも。

ダンス

小学校の保健体育で必修化され話題に。リズム感、表現力や仲間とのコミュニケーションスキルが磨かれることが期待されます。月謝 7,000 〜 8,000 円程度。

ピアノ

音楽で自分を表現できるようになるだけでなく、知能や言語能力の発達など様々な効果が得られると言われています。月謝 4,000 円〜 10,000 円程度。

絵画

表現力、観察力、集中力が育まれます。早いところでは 2 歳から始められる教室も。月謝 3,000 〜 5,000 円程度。

※月謝はあくまで大まかな目安です。コースや通う頻度によっても大きく変わります。

自転車デビュー

ペダルなし自転車なら2歳頃からでもスイスイ。補助なし自転車への移行がスムーズといわれています。

★3歳頃になると、そろそろ三輪車を卒業して自転車を買ってあげようかなと検討する人が増えてきます。自分の足で走るのとはまた違うスピード感や景色が楽しい自転車。最近ではまずペダルなし自転車（ランニングバイク、バランスバイク）に乗って二輪の感覚に慣れてから、ペダルありに移行する子がたくさんいます。ペダルなし自転車は2歳から乗り始める子もいます。

★自転車はペダルのありなしにかかわらず、またがったときに両方のつま先が地面につくサイズを選びましょう。また、危険から守るためにもヘルメットは必須で、肘・膝用のプロテクターもあると安心です。ペダルなしの場合、区分が「乗り物」ではなく「遊具」になるので公道の走行は禁じられています。私道か乗り物持ち込みOKの公園で乗るようにしましょう。

★ペダル付きの自転車は、最初は補助輪をつけて乗る練習をするのが一般的。ペダルなし自転車でバランス感覚を得ている場合、補助輪なしでいきなり乗れるようになる子もいます。注意点は、ブレーキのないペダルなしに乗っていた子は、普通の自転車もブレーキをかけず足で止めがちなこと。危険なのでしっかりブレーキのかけ方を教えてあげましょう。

産前

0歳

1歳

2歳

3歳

4歳

5歳

自転車デビューのためにチェックしたいこと

▶ 最初に乗る自転車の選択肢

● シンプルなペダルなし自転車

● あとからペダルをつけられる、ペダルなし自転車

● ブレーキのついているペダルなし自転車

● 補助輪つきのペダルあり自転車（スタンドがセットになっているか要確認）

● 補助輪と押し棒（後ろから親が操作できる）つきのペダルあり自転車

▶ 自転車サイズの目安

12インチ	80 〜 105cm	2 〜 3歳
14インチ	95 〜 115cm	3 〜 5歳
16インチ	100 〜 120cm	3 〜 6歳
18インチ	105 〜 125cm	4 〜 8歳
20インチ	115 〜 135cm	5 〜 9歳
22インチ	125 〜 145cm	6 〜 11歳
24インチ	130 〜 155cm	7歳〜

※メーカーごとに設定が違うので必ず店頭で確認してください。

Mini Column みんなの体験談！

自転車デビューどうだった？

「わが家の3姉妹は3人ともペダルなし自転車から入りましたが、普通の自転車に移行後、長女の補助輪がはずれたのはゆっくりめの6歳になってから。一方、三女は3歳になりたてで補助輪なしの自転車をスイスイ。ただしブレーキをかけるのが下手で、長距離を並走せざるを得ず本当に大変でした。ゆっくり乗れるようになったほうが親は安心ですね」‥‥‥‥‥‥（3姉妹ママ）

成長・発達ごとに必要なこと ▶ 5歳

小学校入学までに
身につけておきたいこと

もうすぐピカピカの1年生！ 新たな社会へはばたく子どもをサポートしましょう。

★小さかったわが子もいよいよ小学生に。特に第一子を小学校に送り出す親は緊張してしまうものです。準備することが多く、PTAや子ども会への参加も控え、保育園組は学童保育への入所準備もあります。入学前は親子ともに心が落ち着かないかもしれません。

★気をつけたいのは、「そんなことじゃ小学生になれないよ」「小学校に行ったら先生に怒られるよ」などのネガティブな声がけをしないこと。「小学校が楽しみだね！」など期待の持てる声かけをしたいですね。幼稚園・保育園と小学校はまったく違う世界であり、入ったあと子どもたちは一生懸命それぞれの新しい生活になじんでいこうとします。ネガティブな先入観を持たせないことが大切です。

★小学校の入学までにできていてほしいことは、入学前に行われる説明会で教えてもらえることが多いでしょう。案外、幼稚園へ入園するときの心構えとそれほど変わりがありません。

産前 ― 0歳 ― 1歳 ― 2歳 ― 3歳 ― 4歳 ― 5歳

入学までに身につけておくとよいこと

☐ あいさつや返事がしっかりできる

☐ 人の話をしっかりと聞ける

> 学習の基本につながります。

☐ 早寝早起きをし、朝食をとる習慣をつける

☐ 言葉をはっきりと話せる

> 「おかあたん」などの幼児語が残っていたらさりげなく正しい言い方を返しましょう。無理強いは禁物。小学校に上がると、ことば教室を紹介もしてもらえる場合も。

☐ 困ったことを伝えられる

> 具合が悪くなった、忘れ物をしたなど、困ったときに先生に伝えられるように。

☐ 衣服の着脱がひとりでできる。脱いだ服をたたむ、靴を揃える

> 体育の授業などで着替える機会が多くあります。

☐ 自分のことは自分でできる

> 洗顔、整理整頓など自分でできる子は学校生活をスムーズに、自信を持って送ることができます。

☐ 自分の名前や住所が言える

> もしものために電話番号も覚えていると安心です。

☐ 食事を決められた時間の中で食べる

> 給食はおおよそ20分くらいで食べます。

☐ 箸やスプーンを正しく持てる

☐ トイレにひとりで行ける

> 和式を練習しておきましょう。校内に洋式があっても、校外学習や体育館などで和式しかないトイレもあります。また、使用後には必ず手を洗う習慣を身につけておきましょう。

☐ 横断歩道の標識や、信号の見方を知っておく

> 登下校は子どもだけで歩きます。放課後の行動範囲も広がります。

☐ 文字への興味を持っておく

> ひらがなは1年生でじっくり学ぶため無理に練習させる必要はありません。ただ興味があるに越したことはないので、お手紙を書いてあげたり、絵本を読んであげたりして興味を引いてみるといいでしょう。

子育ての常識——昔と今で変わっていること

　育児の常識は日々変化していて、30年前と現在では考え方が全く違うことが多いもの。約7割のママが「子育てについて親世代とギャップを感じたことがある」と言われています。

　例えば、30年前は赤ちゃんが泣いてすぐ抱っこすると「抱きぐせがつく」と言われていました。今は赤ちゃんが泣いたらすぐに抱っこするのが推奨されています。抱っこは親子が信頼関係を築く上で大切なスキンシップであることがわかってきたからです。

　多くの親が悩むのが「虫歯菌（ミュータンス菌）」の問題。30年前は、大人が一度口に入れて柔らかくした食べ物を赤ちゃんにあげるのが普通でした。今は大人から赤ちゃんへ口移しはもちろん、「フーフー」と食べ物に息を吹きかけて冷ますのもNGです。虫歯菌が感染してしまうリスクがあります。

　他にも、祖父母より上の世代は「帝王切開や無痛分娩は立派なお産じゃない」「母親の自覚があれば母乳が出る」といった迷信や、「男性が外で働き、女性は家で家事育児をする」という考え方が当たり前でした。どれも今ではまったく意識が違ってきています。

　意識して学ばなければ、価値観のアップデートは難しいもの。もし時代錯誤なアドバイスを受けたら、頭ごなしに否定するのではなく「医師や助産師さんから言われたよ」「母子手帳に書いてある」など、専門家からの助言ということを伝えると納得してもらいやすいかもしれません。近居で子育てに多くかかわってもらう場合は、祖父母向けの読みやすい育児本をプレゼントしたりするのもひとつ。ただ、周りの助けは大いに必要ですが、育児の主体は親であることを忘れずに！　ですね。

第 4 章

4

年中行事・
イベントの準備

子どもが生まれると、
お祝いごとがたくさん。
年中行事や季節のイベントも
一気に身近なものになります。

　赤ちゃんが生まれてから1歳になるまで、「お七夜」「お宮参り」「お食い初め」「ハーフバースデー」「初正月」「初節句」「初誕生」と、実に7回もお祝いの機会があります。それぞれお祝いをするのか、また祝うなら家族だけでするか、祖父母も招いて盛大にするかなど、迷うことがあるかもしれません。どんなお祝いをするか検討するためにリストを活用してください。

　季節ごとのイベントでは、ひな祭りやこどもの日、水遊び、七五三、クリスマスなど、そのときどきに必要なことをリストアップしました。イベントが近づいたらリストを切り取ったりコピーしたりして、当日までにどんな準備が必要か家族でチェックしましょう。

　子どものお誕生日は家族にとってとてもうれしい日。リストは毎年繰り返し使えるよう、ぜひコピーして使ってください。

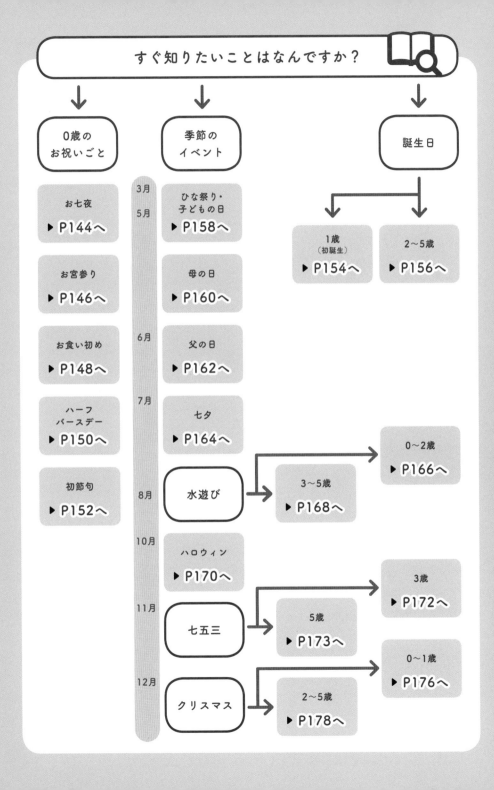

すぐ知りたいことはなんですか？

**0歳の
お祝いごと**

お七夜
▶ P144へ

お宮参り
▶ P146へ

お食い初め
▶ P148へ

ハーフ
バースデー
▶ P150へ

初節句
▶ P152へ

**季節の
イベント**

3月
5月

ひな祭り・
子どもの日
▶ P158へ

母の日
▶ P160へ

6月

父の日
▶ P162へ

7月

七夕
▶ P164へ

8月

水遊び

3～5歳
▶ P168へ

0～2歳
▶ P166へ

10月

ハロウィン
▶ P170へ

11月

七五三

5歳
▶ P173へ

3歳
▶ P172へ

12月

クリスマス

2～5歳
▶ P178へ

0～1歳
▶ P176へ

誕生日

1歳
（初誕生）
▶ P154へ

2～5歳
▶ P156へ

年間行事・イベント

お七夜

▶ 0歳

赤ちゃんにとって初めての行事。負担にならないよう、楽しめる範囲でお祝いしましょう。

★日本の風習で、生まれて7日が経った赤ちゃんを家族や地域の人、土地の産神さまにお披露目するのがお七夜です。「命名式」「名付けの祝い」とも呼ばれており、名前を書いた命名書を神棚や床の間に飾ることもあります。起源は詳しくわかっていませんが、現代のように医療が発達していない時代には赤ちゃんの生存率が低く、誕生して1週間を無事に過ごせたことを祝うようになったと言われています。

★生まれた日を「1日」と数え、7日目の夜に行います（たとえば3月3日に出産したら、3月9日がお七夜）。地域によって異なる場合があるので、正式な形で行いたい場合は両親に確認しましょう。

★昔ながらの祝い方では、命名式を行ったあと、祝い膳を囲みます。祖父母を招いたり、赤ちゃんの手形や足形をとっても記念になります。ただ、まだママも赤ちゃんも無理は禁物な時期なので、家族だけで気楽に命名式だけというスタイルも一般的になっています。退院時期と重なる場合もあるので、無理せず日程をずらして命名式を行ってもいいかもしれません。

お七夜の準備リスト

▶どんなお祝いをする？

☐ 命名書の用意　する／しない

☐ 写真撮影　する／しない

☐ 赤ちゃんの衣装　用意する／いつも通り
　　どんな服？

☐ 大人はどんな食事にする？
　　お祝いメニュー／いつも通り

☐ 誰を招待する？
　　☐祖父母　招待する／しない
　　☐
　　☐
　　☐

☐ 手形・足形　とる／とらない

▶準備しよう！

☐ 命名書
　　・インターネットでダウンロード
　　・ベビー用品店や文房具店で購入
　　・育児雑誌の付録
　　・奉書紙に毛筆で書く
　　・その他

☐ カメラ、ビデオの充電・容量確認

☐ 赤ちゃんの衣装

☐ 大人の食事の準備
　　・出前（お寿司など）
　　・伝統的な祝い膳（赤飯、尾頭付きの鯛、紅白の麩やかまぼこ、なます、刺身、はまぐりのお吸い物など）
　　・その他
　　※出産を頑張ったママの好物など

☐ 招く人を迎える準備
　　・連絡
　　・宿泊手配
　　・布団のレンタル
　　・食事

☐ 手形・足形用のインク・キット購入
　　（インク・色紙や台紙・ウエットティッシュ）

▶当日すること

☐ 食事（大人）の準備

☐ 招待客の受け入れ

☐ 命名書に記名し、壁や神棚、床の間などに飾る

☐ 写真撮影

☐ 手形・足形をとる

【命名書の一般的な書き方】

☐ 親の名前・続柄・赤ちゃんの名前・生年月日を記入する

【命名書の正式な書き方】

夫婦の性　父親の名前　続柄 母親の名前 命名した日付	子どもの生年月日	子どもの名前	父親の名前	命名

奉書紙をふたつ折りにして折り目を下にし、左右三つ折りにして上記のように毛筆で書く。右が一番上にくるようにたたみ、上包み用の奉書紙で左右上下を包み、「命名」と表書きする。

※すべて必要なわけではありません。各ご家庭によってやりたいこと、やりたい部分のみ検討・準備・記入をしましょう。

お宮参り

赤ちゃんにとって初めての参拝。負担にならないよう、楽しめる範囲でお祝いしましょう。

産前

0歳

1歳

2歳

3歳

4歳

5歳

★「お宮参り」は赤ちゃんが生まれて1ヶ月がたった頃に、土地の神様や鎮守様に生まれたことを報告し、健やかな成長を祈念する行事です。男児は生後30〜32日頃、女児は生後31〜33日頃に参拝するのが習わしですが、ママの体の回復具合や家族のスケジュールに合わせてOKです。地域によっては、50日目、100日目などに行うところもあります。

★参拝するのは自宅近くの神社が一般的。思い入れのある神社に出向く人もいます。また父方の祖母が抱っこして参拝するのが伝統的なスタイルですが、最近では親が抱っこすることも。しきたりを重んじる家庭もあるので一緒に参拝する家族で話し合いましょう。

★赤ちゃんには白羽二重の内着を着せて、祝い着で覆います。最近では写真スタジオのセットプランで衣装をレンタルする人も。退院時のセレモニードレスを兼用するのもありです。

★ママの服装は控えめな色合いのフォーマルが定番です。授乳口のあるワンピースにジャケットをはおっても。訪問着や色無地など和装にする場合は、体が完全には回復していない時期なので締め付けすぎないように着付けをしましょう。パパは冠婚葬祭用のスーツや無地のビジネススーツが主流です。

お宮参りの準備リスト

▶ どんなお祝いをする？

- ☐ 参拝する日どり
     　月　　日　　時頃
- ☐ 参拝する神社

- ☐ 交通手段
     車／タクシー／電車
- ☐ 祈祷もお願いする？
     する／しない
- ☐ 写真撮影
     ・写真スタジオ
     ・神社の写真スタジオ
     ・出張撮影サービス
     ・家族だけで
- ☐ 写真撮影の日どり
     参拝と同日／別日
- ☐ 赤ちゃんの衣装
     ・和装／洋装
     ・購入／レンタル／自前
- ☐ ママの衣装
     ・和装／洋装
     ・購入／レンタル／自前
- ☐ パパの衣装

- ☐ きょうだいの衣装

- ☐ 招待する人
     ☐祖父母　招待する／しない
     ☐
     ☐
     ☐
- ☐ 会食する？
     自宅／お店／しない

▶ 準備しよう！

- ☐ 神社の下調べ
- ☐ 祈祷の予約
- ☐ 初穂料の準備（5,000〜10,000 円ほど）
     ※のし袋に入れて赤ちゃんの名を記名します。
- ☐ 家を出る時間の確認
     　　　　：
- ☐ 写真撮影の予約
- ☐ カメラのメモリを確認＆充電
- ☐ 赤ちゃんの衣装準備
     ・購入
     ・レンタル
     ・自前→陰干しする
- ☐ 大人の衣装準備
     ・購入
     ・レンタル
     ・自前→陰干しする
- ☐ きょうだいの衣装の陰干し
- ☐ 招く人を迎える準備
     ・連絡
     ・宿泊手配
     ・布団のレンタル
     ・食事
- ☐ 会食の準備
     ・店の予約
     ・出前の予約
     ・献立

▶ 当日の持ち物

〔参拝用〕
- ☐ 衣装（赤ちゃん・大人）
- ☐ 初穂料
- ☐ カメラやビデオ
- ☐ 日傘など（夏）
- ☐ ストールなど防寒アイテム（冬）

〔赤ちゃんのもの〕
- ☐ ベビーカー・抱っこ紐・チャイルドシート
- ☐ おむつセット（おむつ、おしりふき、ビニール袋、おむつ替えシート）
- ☐ 授乳ケープ
- ☐ ミルクセット（粉ミルク・お湯・水／液体ミルク、哺乳瓶）
- ☐ 着替えセット（肌着・服・靴下・スタイ）
- ☐ 薄手のバスタオル（ブランケットや敷物代わりに）
- ☐ ガーゼやタオル
- ☐ ビニール袋
- ☐ おもちゃやおしゃぶり

〔大人のもの〕
- ☐ 母乳パッド
- ☐ ハンカチ
- ☐ ティッシュ・ウエットティッシュ
- ☐ 除菌シート
- ☐ メイク直しアイテム
- ☐ 貴重品（財布・カギ）
- ☐ 携帯電話

〔その他〕
- ☐
- ☐
- ☐

※すべて必要なわけではありません。各ご家庭によってやりたいこと、やりたい部分のみ検討・準備・記入をしましょう。

お食い初め

「一生食べ物に困らず生活できますように」という願いを込めて行うイベントです。

★「お食い初め」は、生後100日頃に行うお祝い事。「この子が食べ物に困りませんように」という願いを込めるもので、平安時代から続く風習です。まだ離乳食も始まっていない時期なので実際に食べさせるわけではなく、箸で少量をつまんで赤ちゃんの口に当てるか、食べさせるマネをします。

★お食い初めのメニューは一汁三菜が基本。生きていくうえで必要とされる「穀物（赤飯や旬の食材を使った混ぜご飯、白米など）」「海のもの（尾頭付きの鯛、鮎、鰆などを塩焼きに）」「山のもの（「健康長寿」を願うたけのこや、旬の食材と合わせた煮物）」「飲み物（「よき伴侶に恵まれるように」と願ってはまぐりのお吸い物）」「塩（香の物。「丈夫な歯が生えるように」と小石を添える）」が主流です。

★今は「お食い初めプラン」を行っている和食店やホテルも多く、また宅配のお食い初めセットも人気です。手づくりの場合は、尾頭付きの鯛はスーパーの鮮魚売り場で予約したり、焼いた状態で届けてくれるお店やオンラインショップを活用しても。

★器は正式には、柳の白木箸、塗りの漆器、家紋が入った高足の御膳です。男児は内外とも赤色で、金か黒漆で男紋を入れ、女児は外側が黒、内側が赤で銀の女紋を入れます。漆器はお正月や節句にも使えます。今は離乳用の食器で代用するケースも増えています。

お食い初めの準備リスト

▶ どんなお祝いをする？

☐ お食い初めの日どり

　　　　　月　　　　日　　　　時頃

☐ 場所　　自宅／お店

　　候補

☐ 写真撮影　　する／しない

☐ 赤ちゃんの衣装　　用意する／いつも通り

　　例・袴風ロンパースや小袖やドレスなど

　　どんな服？

☐ 招待する人

　　☐ 祖父母　　招待する／しない

　　☐

　　☐

　　☐

☐ お食い初め膳はどうする？

　　お店のプラン予約／宅配／つくる

【お食い初め膳を手づくりする場合】

☐ お食い初め膳のメニュー

☐ 漆器　　用意する／しない

　　※正式な器は塗りの漆器と家紋が入った高足の御膳。
　　　男児：内外とも赤色（金か黒漆で男紋を入れる）
　　　女児：外側が黒、内側が赤（銀の女紋を入れる）

☐ お箸　　用意する／しない

　　※柳の白木箸など

☐ 小石　　用意する／しない

　　※伝統的な方法で祝う場合

☐ 大人のメニュー　　用意する／しない

▶ 準備しよう！

☐ お店の「お食い初めプラン」の予約／
　　宅配のお食い初め膳の予約

☐ カメラ、ビデオの充電・容量確認

☐ 赤ちゃんの衣装の準備

☐ 招く人を迎える準備

　　・連絡

　　・宿泊手配

　　・布団のレンタル

　　・食事

【お食い初め膳を手づくりする場合】

☐ 2〜3週間前に注文しておくもの

☐ 前日〜当日に買うもの

☐ 器の準備

☐ お箸の準備

☐ 小石の準備

▶ 当日すること

☐ お食い初め膳の用意

☐ 大人用の食事を用意

☐ 招待客の受け入れ

☐ 写真撮影

☐ お食い初めの儀

※すべて必要なわけではありません。各ご家庭によってやりたいこと、やりたい部分のみ検討・準備・記入をしましょう。

年間行事・イベント

ハーフバースデー

半年間の成長ぶりに感動！ 赤ちゃんの成長はもちろん、ここまで赤ちゃんを育ててきた大人の頑張りにも乾杯しましょう。

★半年間の大きな成長を感じる6ヶ月ちょうどに、ハーフバースデーのお祝いをする家庭が増えてきています。半年後の1歳のお誕生日の頃にはさらに成長しているので、6ヶ月でお祝いの写真を撮っておくよい記念になります。

★ハーフバースデーの写真は家庭で撮るのが主流です。ガーランドや風船で部屋を飾ったり、かわいい衣装を着せて撮影する方も。寝相アートに挑戦するのもおすすめです。もちろん特別な飾り付けをしなくても、たとえばお花を買ってきて一緒に写真を撮るだけでとても素敵な思い出になりますよ。

★赤ちゃんはまだ離乳食が始まったばかりの頃。進み方には個人差があり、10倍粥だけの子もいれば、野菜を食べ始めている子もいると思います。特別なご飯にしたい場合は、その子に合ったステップのものを、盛り付けをちょっとかわいらしくしてあげると目でも楽しめますね。家族はケーキでお祝いしても○

★赤ちゃんの手形や足形をとったり、映像を残しておくのもおすすめです。歯固めや、かわいい離乳食用の器、おもちゃなどをプレゼントしてもお祝い感が出て盛り上がりそうです。

ハーフバースデーの準備リスト

［　　　］ちゃん　6ヶ月おめでとう！

▶ どんなお祝いをする？

- ☐ 写真撮影　する／しない
- ☐ 部屋の飾り付け　する／しない
  - テーマは？ _____
  - _____
- ☐ 赤ちゃんの衣装　用意する／いつも通り
  - どんな服？ _____
- ☐ プレゼント　用意する／しない
  - 候補 _____
  - _____
  - _____
- ☐ どんな食事にする？
  - ☐赤ちゃん　お祝い離乳食／いつも通り
  - ☐大人　お祝いメニュー／ケーキ／いつも通り
- ☐ 招待する人
  - ☐祖父母　招待する／しない
  - ☐ _____
  - ☐ _____
  - ☐ _____
- ☐ 手形・足形　とる／とらない

▶ 準備しよう！

- ☐ カメラ、ビデオの充電・容量確認
- ☐ 飾り付けのグッズを購入／つくる
  - 買うもの _____
  - つくるもの _____
- ☐ 赤ちゃんの衣装
  - _____
- ☐ プレゼントを買う
  - なにを？ _____
  - どこで？ _____
- ☐ 食事の準備
  - ☐お祝い離乳食の材料・道具の買い出し
  - ☐大人のお祝いメニューの材料買い出し
  - ☐ケーキの予約・受け取り
- ☐ 招く人を迎える準備
  - ・連絡 _____
  - ・宿泊手配 _____
  - ・布団のレンタル _____
  - ・食事 _____
- ☐ 手形・足形用のインク・キット購入
  - （インク・色紙や台紙・ウエットティッシュ）

▶ 当日すること

- ☐ 部屋の飾り付け
- ☐ 食事（大人）の準備
- ☐ お祝い離乳食の準備
- ☐ 招待客の受け入れ
- ☐ プレゼントをあげる
- ☐ 写真撮影
- ☐ 手形・足形をとる

▶ 後日すること

- ☐ 手形・足形をとった紙を飾る
- ☐ 招待客へのお礼の連絡
- ☐ 招待客からプレゼントをもらったらお返しの手配（1ヶ月以内が目安）
- ☐ 写真の共有

※すべて必要なわけではありません。各ご家庭によってやりたいこと、やりたい部分のみ検討・準備・記入をしましょう。

初節句
（桃の節句・端午の節句）

女の子は初めて迎える桃の節句、男の子は初めて迎える端午の節句が「初節句」です。赤ちゃんの健やかな成長と幸せな人生を祈ります。

★初節句では赤ちゃんに和装をさせて雛人形や五月人形と写真を撮ったり、祖父母を招いてお祝いするといい記念になります。

★3月3日の桃の節句では雛人形を、5月5日の端午の節句では五月人形や鯉のぼりを飾ってお祝いします。昔は母方の実家が用意する習わしでしたが、今は変わってきています。好みや住宅事情に合わせて検討しましょう。

桃の節句

［雛人形の種類］
● 7段・5段・3段飾り
● 女雛と男雛だけの親王飾り
● 収納飾り（飾り台に人形を収められるもの）
● ケース飾り
● 木目込み人形（木製で個性的なつくり）
● 吊るし雛

端午の節句

［五月人形の種類］
● 兜飾り（兜を飾るもの）
● 鎧飾り（甲冑すべてを飾るもの）
● 子供大将（子どもの顔をした武将の格好の人形）

［鯉のぼりの種類］
● 室内用（モビール、小さなスタンドなど）
● ベランダ用
● 屋外用スタンドタイプ
● 屋外用ポールタイプ

★桃の節句の伝統的な行事食はちらし寿司、はまぐりのお吸い物、ひなあられ、菱餅、白酒が代表的です。

★端午の節句は関東では柏餅、関西ではちまきを用意することが多いようです。またブリ、カツオ、たけのこも縁起がよいとされています。赤ちゃんにはお祝い離乳食をつくってみるのもいいですね。

初節句の準備リスト

▶ どんなお祝いをする？

桃の節句

☐ **雛人形** 用意する／しない
　例・7段／5段／3段飾り、親王飾り、収納飾り、ケース飾り
　　…など

端午の節句

☐ **五月人形・鯉のぼり** 用意する／しない
　例・兜飾り、鎧飾り、子供大将、ベランダ用の鯉のぼり …など

共通

☐ **雛人形／五月人形・鯉のぼりの予算**

☐ **どこで購入する？**
　例 ・人形専門店、デパート、ベビー用品店 …など

☐ **人形以外のお祝い品** 用意する／しない
　例・名前旗 など

☐ **赤ちゃんの衣装** 用意する／しない
　例・被布、袴ロンパース、髪飾り …など

☐ **部屋の飾り付け** する／しない
　例・桃の節句 桃の花を飾る …など

☐ **行事食** 用意する／しない
　例・桃の節句 親はちらし寿司、赤ちゃんはお祝い離乳食 …など
　・端午の節句 親は柏餅やちまき、赤ちゃんはお祝い離乳食
　　…など

☐ **招待する人**
　☐祖父母 招待する／しない
　☐
　☐
　☐

▶ 準備しよう！

☐ **雛人形／五月人形・鯉のぼりの購入**
　※雛人形は11月頃から、5月人形は3月中旬頃から販売
　　されるお店が多いようです。生まれてすぐ初節句な
　　ら、人形の購入は翌年にしてもかまいません。

☐ **雛人形／五月人形・鯉のぼりの飾り付け**
　〈目安時期〉
　雛人形：2月4日頃の立春～2月中旬頃
　五月人形：春分の日～4月中旬頃
　鯉のぼり：特に決まりはないので、4月中旬頃に出して
　も、五月人形と合わせてもOK。ただし一夜飾りは縁起
　がよくないとされます。

☐ **その他お祝い品**

☐ **赤ちゃんの衣装**

☐ **桃の花、菖蒲**

☐ **食事の準備**
　☐お祝い離乳食の材料・道具の買い出し
　☐大人のお祝いメニューの材料買い出し

☐ **招く人を迎える準備**
　・連絡
　・宿泊手配
　・布団のレンタル
　・食事

▶ 後日すること

☐ **写真の共有**

☐ **雛人形／五月人形・鯉のぼりの片づけ**
　〈目安時期〉
　雛人形：節句が終わったら1週間以内に片づけるのが縁
　起がよいとされています。
　五月人形・鯉のぼり：しまう日について特にいわれはあ
　りません。梅雨が始まる前の、湿気の少ない晴れた日に
　しまうといいでしょう。

※すべて必要なわけではありません。各ご家庭によってやりたいこと、やりたい部分のみ検討・準備・記入をしましょう。

1歳バースデー

生まれて初めてのお誕生日！　一生餅を背負ったり、「選び取り」の儀式をしても。

★生後初めて迎える誕生日を「初誕生」（はつたんじょう）といいます。昔は数え年を年齢としていましたが、初誕生だけは満年齢でお祝いしていました。

★お祝いの方法は地域によって違いますが、一升餅を子どもに背負わせて「一生食べ物に困らないように」と願う風習が有名です。約1.8kgの米でつくられた餅を風呂敷に包んで背負わせ、立てると「強い子」、転んだら「遠くへ離れて行かない子」とめでたがります。一生餅は和菓子屋、米屋、インターネットなどで予約購入できます。

★初誕生でよく行われる「選び取り」は、赤ちゃんが将来どんな職業に就くのかを占う儀式です。赤ちゃんの前に並べたものから、何を一番最初に触るかで、赤ちゃんの未来を占います。

【選び取りでよく並べられるものの一例】
- お箸・スプーン：料理人になる、食べるものに困らない
- お金・財布：お金持ちになる、お金に困らない
- 筆・色鉛筆：小説家や文筆家になる、学問を極める
- そろばん・電卓：事業が成功する、計算や数学が得意になる

★最近では「スマッシュケーキ」といって、子どもが手づかみで頬張れるケーキが人気です。水切りしたヨーグルト、パン、フルーツなど1歳の子が食べられるものだけでつくってみましょう。

1歳バースデーの準備リスト

[   ] ちゃん　1歳おめでとう！

パーティー会場・記念撮影

▶ どんなお祝いをする？

- ☐ 場所　自宅／お店
  候補 _____
- ☐ 写真撮影　する／しない
- ☐ 部屋の飾り付け　する／しない
  テーマは？ _____
- ☐ 子どもの衣装　用意する／いつも通り
  どんな服？ _____
- ☐ 招待する人
  - ☐祖父母　招待する／しない
  - ☐ _____
  - ☐ _____

▶ 準備しよう！

- ☐ お店の予約（必要なとき）
- ☐ カメラ、ビデオの充電・容量確認
- ☐ 飾り付けのグッズを購入／つくる
  買うもの _____
  つくるもの _____
- ☐ 子どもの衣装
- ☐ 招く人を迎える準備
  - ・連絡
  - ・宿泊手配
  - ・布団のレンタル
  - ・食事

イベント

- ☐ プレゼント　用意する／しない
  候補 _____
- ☐ 手形・足形　とる／とらない
- ☐ 一升餅　用意する／しない
- ☐ 選び取りの儀式　する／しない
  何を用意する？ _____

- ☐ プレゼントを買う
  なにをどこで？ _____
- ☐ 手形・足形用のインク・キット購入
  （インク・色紙や台紙・ウエットティッシュ）
- ☐ 一升餅の予約　どこで？ _____
- ☐ 選び取りアイテム

食事・ケーキ

- ☐ どんな食事にする？
  - ☐子ども　お祝い離乳食／いつも通り
  - ☐大人　パーティーメニュー／いつも通り
  - ☐スマッシュケーキ　つくる／つくらない
    どんなもの？ _____
  - ☐大人のケーキ　あり／なし

- ☐ 食事の準備
  - ☐お祝い離乳食の材料・道具の買い出し
  - ☐大人のパーティメニューの材料の買い出し
  - ☐スマッシュケーキの材料・道具の買い出し
  _____
  - ☐大人のケーキの予約・受け取り

▶ 当日すること

- ☐ 部屋の飾り付け
- ☐ 食事・ケーキの準備
- ☐ 招待客の受け入れ
- ☐ 一升餅・選び取りの儀式
- ☐ プレゼントをあげる
- ☐ 写真撮影
- ☐ 手形・足形をとる

▶ 後日すること

- ☐ 手形・足形をとった紙を飾る
- ☐ 招待客へのお礼の連絡
- ☐ 招待客からプレゼントをもらったら
  お返しの手配（1ヶ月以内が目安）
- ☐ 写真の共有

※すべて必要なわけではありません。各ご家庭によってやりたいこと、やりたい部分のみ検討・準備・記入をしましょう。

年間行事・イベント

▶ 2〜5歳

2〜5歳バースデー

毎年大きな成長を見せてくれる幼児期。お誕生日は家族で楽しくお祝いしたいですね。

★年に一度の大切な誕生日。お祝いのごちそうに好物をたくさん入れてあげたり、好きなケーキをオーダーしてあげたり、一緒につくったり。2〜3歳になればろうそくの火を自分で吹き消せるかもしれないし、4〜5歳ではデコレーションを一緒にできるかも。成長をかみしめられるとっておきの時間を、家族みんなで楽しみましょう。

★大きくなるにつれ、自分の意思がはっきりしてきて「何をしてほしいか」要望をちゃんと伝えられるように。尊重してあげつつ、主役が予想していなかった小さなサプライズが入れられたら最高ですね！ デコレーションだったり、家族で楽しめるミニゲームだったり、大好きな場所へのお出かけも喜んでもらえそうです。

★プレゼントは、発達段階や本人の興味に合わせて考えたいもの。2歳になるとひとりで集中して遊べたり、好みがはっきりしてきます。3歳では身体能力や理解力が発達し、お気に入りのキャラクターに夢中になる子も。4歳ともなると手先が器用に動かせるようになり、これまでよりグッと進んだおもちゃが楽しめるように。5歳以降はほとんどの子が自分の欲しいものを明確に持つので、リクエストを聞いてみるのもおすすめです。

2〜5歳バースデーの準備リスト

□ ちゃん □ 歳 おめでとう！

区分	▶ どんなお祝いをする？	▶ 準備しよう！

パーティー会場・記念撮影・お出かけ

▶ どんなお祝いをする？

- ☐ 場所　自宅／お店
  候補 _____
- ☐ お出かけする？　する／しない
  候補 _____
- ☐ 写真撮影　する／しない
- ☐ 部屋の飾り付け　する／しない
  テーマは？ _____
- ☐ 子どもの衣装　用意する／いつも通り
  どんな服？ _____
- ☐ 招待する人
  ☐祖父母　招待する／しない
  ☐ _____
  ☐ _____

▶ 準備しよう！

- ☐ お店の予約（必要なとき）
  _____
- ☐ お出かけ先の下調べ・予約（必要なとき）
  _____
- ☐ カメラ、ビデオの充電・容量確認
- ☐ 飾り付けのグッズを購入／つくる
  買うもの _____
  つくるもの _____
- ☐ 子どもの衣装
- ☐ 招く人を迎える準備
  ・連絡 _____
  ・宿泊手配 _____
  ・布団のレンタル _____
  ・食事 _____

イベント

- ☐ プレゼント　用意する／しない
  候補 _____
  _____

- ☐ プレゼントを買う
  なにを？ _____
  どこで？ _____

食事・ケーキ

- ☐ どんな食事にする？
  パーティーメニュー／いつも通り
- ☐ ケーキ
  購入／つくる／用意しない

- ☐ 食事の準備
  パーティーメニューの材料・道具の買い出し
- ☐ ケーキの準備
  予約・受け取り／材料の買い出し

▶ 当日すること

- ☐ お出かけ
- ☐ 部屋の飾り付け
- ☐ 食事・ケーキの準備
- ☐ 招待客の受け入れ
- ☐ プレゼントをあげる
- ☐ 写真撮影

▶ 後日すること

- ☐ 招待客へのお礼の連絡
- ☐ 写真の共有

※すべて必要なわけではありません。各ご家庭によってやりたいこと、やりたい部分のみ検討・準備・記入をしましょう。

ひな祭り・こどもの日

性別にかかわらず、女の子も男の子もカジュアルなパーティーを楽しみましょう。

★初節句以降のひな祭りやこどもの日はカジュアルにパーティーをするのもおすすめです。家族だけで子どもの好きなメニューを楽しみ、記念撮影をするだけでも。子どもが保育園や幼稚園に通っててお友達との交流が盛んな場合は、クラスのお友達やママたちと一緒にパーティーする、なんていう人もいます。性別にかかわらず、ぜひ男の子もひな祭りパーティーを、女の子もこどもの日のパーティーを楽しみましょう。

★ひな祭りパーティーのメニューでは、ちらし寿司や3色ひな祭りゼリー、ひな祭りケーキなどが人気です。子どもが工作のできる年齢になったら、一緒に折り紙で雛人形やオーナメントをつくって部屋を飾り付けるのも楽しいです。

★こどもの日のパーティーメニューは、鯉のぼりの形のカレーやちらし寿司、卵焼き、ウインナーなどがおすすめ。こどもの日は端午の節句であるだけでなく、「こどもの人格を重んじ、こどもの幸福をはかるとともに、母に感謝する」ことを目的とした祝日でもあるので、行事にこだわらず子どもの好きなメニューを聞いて用意してあげるのもいいですね。

ひな祭り・こどもの日のお祝い準備リスト

▶ どんなイベントにする？

☐ カジュアルなパーティーをする？
する／しない
家族で／お友達と

☐ 写真撮影　する／しない

☐ 子どもの衣装を準備する？
用意する／いつも通り
どんな服？

☐ 節句のイベントをする？　する／しない
例・桃の節句　桃の花を飾る
例・こどもの日　菖蒲湯に入る

☐ 行事食を用意する？　する／しない
例・ひな祭り　ちらし寿司、ひな祭りケーキ、ひなあられ …など
　・こどもの日　ちまきや鯉のぼりの形のカレー …など

☐ 招待する人
　☐祖父母　招待する／しない
　☐
　☐
　☐

▶ 準備しよう！

〈お友達を呼ぶなら〉

☐ ゲームなどの準備

☐ お菓子やジュースの準備

☐ パーティーメニューの準備

☐ 雛人形／五月人形・鯉のぼりの飾り付け
〈目安時期〉
雛人形：2月4日頃の立春〜2月中旬頃
五月人形：春分の日〜4月中旬頃
鯉のぼり：特に決まりはないので、4月中旬に出しても、五月人形と合わせてもOK。ただし一夜飾りは縁起がよくないとされます。

☐ 子どもの衣装

☐ 桃の花、菖蒲

☐ お祝いメニューの材料買い出し
　・
　・
　・

☐ 招く人を迎える準備
　・連絡
　・宿泊手配
　・布団のレンタル
　・食事

▶ 当日すること

☐ 行事食の準備

☐ 部屋の飾り付け

☐ 招待客の受け入れ

☐ 写真撮影

☐ こどもの日　菖蒲湯に入る

▶ 後日すること

☐ 写真の共有

☐ 雛人形／五月人形・鯉のぼりの片づけ
〈目安時期〉
雛人形：節句が終わったら1週間以内に片づけるのが縁起がよいとされています。
五月人形・鯉のぼり：しまう日について特にいわれはありません。梅雨が始まる前の、湿気の少ない晴れた日にしまうといいでしょう。

※すべて必要なわけではありません。各ご家庭によってやりたいこと、やりたい部分のみ検討・準備・記入をしましょう。

年間行事・イベント

母の日

▶ 0〜5歳

いつもがんばっているママに、パパと子どもから感謝の気持ちを伝えてみましょう。

産前

0歳

1歳

2歳

3歳

4歳

5歳

★乳幼児期の「母の日」に重要なのは、ずばり「パパ（家族）によるサポート」です。乳児はもちろん、幼児でも母の日を自発的に祝うのはまだ難しいもの。パパが子どもと公園に行ってお花を摘んできたり、花屋に寄って子どもからお花を贈呈させてあげたり、一緒にママの似顔絵を描いたりプレゼントをつくったりすると、とてもうれしいはず。家族がママへ日頃の感謝を伝えるとてもいい機会になります。

★母の日は、約100年前のアメリカで始まったとされています。アンナ・ジャービスさんという方が、母の2回目の命日を悼むために母の好きだった白いカーネーションを贈ったのが起源。これがアメリカ各地に広がり、正式に5月の第2日曜日が「母の日」となりました。日本には戦後に伝わってきたそうです。

★もともとは白いカーネーションを贈っていましたが、赤いカーネーションの花言葉が「母への愛」「敬愛」であることから赤が定番に。でも子どもからの贈り物であれば道に咲く花1本でも、お絵描きや折り紙工作でも本当にうれしいものです。

★子どもが小さいうちは無理にイベントにしなくても OK。日頃の感謝を伝えるために、パパが子どもと一緒に「ありがとう」をできる範囲で工夫して伝えられるとよいですね。

母の日にパパがすることリスト

▶ どんなお祝いをする？

☐ **プレゼントをあげよう**

アイデア

パパから何をあげる？（購入 / 手づくり）

子どもと何をあげる？（子どもと話し合おう！）

☐ **プレゼントいつあげる？**

☐ **どんなお祝いをする？**
- ☐ 子どもとプレゼントを渡す
- ☐ パパが食事のしたく・家事をする
- ☐ サプライズメニュー

┌ 候補を書こう ─────────┐
│   │
│   │
└──────────────────────┘

▶ 準備しよう！

☐ **プレゼントを買う**

☐ **食事メニュー検討**

☐ **ケーキ予約**

☐ **プレゼントを渡す練習** …など

▶ 当日すること

☐ **子どもからプレゼントを渡してもらう**

☐ **サプライズご飯をつくる**

☐ **ケーキの受け取りに行く**

☐ **準備ができるまでママに出かけてもらう** …など

※すべて必要なわけではありません。各ご家庭によってやりたいこと、やりたい部分のみ検討・準備・記入をしましょう。

Mini Column みんなの体験談！

母の日に、
パパ・お子さんからあげたものは？

「子どもと一緒にメッセージと絵を書きました。子どもと一緒につくれるものが良かったので」……………………………………（あんパパ）

「花＋手紙＋夜ごはん。クリスマス、誕生日などものをプレゼントする機会は多いので、うれしい体験を渡したかった」
……………………………………（なおはづパパ）

「お花屋さんで『どれをお母さんにあげたい？』と、子どもに選んでもらいました」
……………………………………（よいちパパ）

「似顔絵。パパから贈るものより、子どもが贈るものの方が喜んでくれます」
……………………………………（TKO パパ）

🖊 みんなにアンケート！

母の日に子どもからもらって
うれしいものは？

👑 **1位　似顔絵**

「こんなに描けるようになったんだと成長が感じられる」

「初めてお母さんのことを考えて描いてくれたと思うと、宝物にしたい」

👑 **2位　手紙**

「子どもが一生懸命書いた文字は胸がいっぱいになる」

「どんなものより手紙が嬉しい」

👑 **3位　お花**

「子どもが選んでくれるお花がどんな色合いでどんな種類なのか見てみたい」

アンケート：ninaru baby

父の日

▶ 0〜5歳

いつもがんばっているパパに、ママと子どもから感謝の気持ちを伝えてみましょう。

★6月の第3日曜日は父の日です。父の日の起源は、母の日の起源の少しあと。1910年にアメリカのジョン・ブルース・ドットという女性が「母の日があるのに父の日がないなんて」と牧師協会に訴え、父の生まれ月であった6月に「父の日礼拝」を催したことがきっかけです。

★母の日のカーネーションのような定番プレゼントがない父の日ですが、小さい子どもからもらってうれしいのはやはり、子どもがつくった工作やパパの似顔絵、お手紙など。ママが誘って画用紙やびんせんを用意してあげれば、パパのために創作をする素敵な時間が生まれます。3〜5歳なら昔ながらの「肩もみ券」など、アイデアのアドバイスをしてあげても。

★2・3歳頃から父の日の夕食を子どもと一緒につくってみるのもおすすめです。お手伝い好きな時期なので、子どもにとっていい思い出になるはず。母の日も父の日も、「いつもありがとう！」とお互いにねぎらって感謝し、家族で乾杯する1日になると素敵ですね。

★母の日と同じく、子どもが小さいうちは無理にイベントにしなくても OK。日頃の感謝を伝えるために、「ありがとう」の気持ちをできる範囲で工夫して伝えましょう。

父の日にママがすることリスト

▶どんなお祝いをする？

☐ **プレゼントをあげよう**

アイデア

ママから何をあげる？（購入/手づくり）

_____

子どもと何をあげる？（子どもと話し合おう！）

_____

☐ **プレゼントいつあげる？**

_____

☐ **どんなお祝いをする？**

☐子どもとプレゼント渡す
☐ママが食事のしたく・家事をする
☐サプライズメニュー

┌─ 候補を書こう ──────────┐
│   │
│   │
│   │
└────────────────────┘

▶準備しよう！

☐ プレゼントを買う

☐ 食事メニュー検討

☐ ケーキ予約

☐ プレゼントを渡す練習 …など

▶当日すること

☐ 子どもからプレゼントを渡してもらう

☐ サプライズご飯をつくる

☐ ケーキの受け取りに行く

☐ 準備ができるまでパパに出かけてもらう …など

※すべて必要なわけではありません。各ご家庭によってやりたいこと、やりたい部分のみ検討・準備・記入をしましょう。

Mini Column みんなの体験談！

父の日に、
ママ・お子さんからあげたものは？

「生まれたときからの子どもの写真や動画を2〜3分の動画に編集してプレゼント。すごく喜んで、泣きそうになっていました」……………………………………（たんたん）

「父子おそろいTシャツ。子どもが小さいうちしかできないので毎年デザインを変えて続けています。外で遊んでいるときにも探しやすいです（笑）」………（かんかんママ）

「お花。パパが好きなので」………………………（はるママ）

「育児とは離れたものを贈りたくて、時間やゲームをプレゼントしました」………………………（yonako）

「いつも帰りが遅いので、スマホで息子のメッセージ動画を撮って送りました。息子が動画で撮られるのが好きでノリノリでやってくれるし、夫も喜びます」……………（まめ）

Free 🗨️自由にメモしましょう

七夕祭り

短冊を書いたり折り紙で工作したり、初夏の伝統行事を家族で楽しみましょう。

産前

0歳

★7月7日（地域により8月7日）の七夕は、ひな祭りやこどもの日と並ぶ「節句」のひとつです。旧暦のお盆は7月15日で、その前に身を清めたり井戸をきれいにしたりする習わしがありました。

★織姫と彦星の言い伝えは、中国の七夕伝説が起源です。ふたりが結婚後仕事を怠けるようになったことから、天帝の怒りをかい天の川で離ればなれにされてしまったという物語。仕事に励むことを条件に、七夕の夜だけふたりは会えることになりました。

1歳

2歳

★七夕のメインイベントは、願いごとを書いた短冊を笹にさげること。笹の葉がないときは、観葉植物や花瓶にさした枝もののグリーンに短冊をさげるのもおすすめです。子どもが字が書けない間は大人が代筆しましょう。

3歳

4歳

★七夕飾りにはそれぞれ、吹き流しは「裁縫が上手になるように」、網飾りは「大漁を願うと同時に幸せをすくいあげる」などの意味を持ちます。折り紙でつくってあげれば赤ちゃんは喜びますし、工作に参加できるようになれば楽しみ方も広がります。夕ご飯には、星形に抜いたにんじんや薄焼き卵をいつものおかずにのせるだけで特別感が。和菓子屋さんできれいな七夕の生菓子を買ってみるのも素敵です。

5歳

七夕祭りの準備リスト

▶ どんなイベントにする？

☐ 七夕メニューを用意する？

する／しない

どんなメニュー？

例・そうめん、流しそうめん
　・星形のにんじんや薄焼き卵をのせた冷やし中華、カレーなど
　・ゼリーなどのデザート

☐ 七夕飾りをつくる？

つくる／つくらない

どんな飾り？

例・吹き流し
　・網飾り

☐ 短冊に願いごとを書いて飾る？

する／しない

▶ 準備しよう！

☐ 七夕メニューの買い物

　・
　・
　・

☐ 七夕飾りづくり

☐ 笹や代わりの枝ものの準備

☐ 短冊をつくる

▶ 当日すること

☐ 七夕メニューをつくる

☐ 短冊に願いごとを書いて飾る

☐ 星空を見る（天の川を探す）

☐ 七夕の絵本の読み聞かせを楽しむ

.... など

▶ 子どもの願いごとをメモしておこう（後で見返すといい思い出に……）

> **Mini Column**
>
> 保育園・幼稚園の夏祭り
>
> 七夕の時期に合わせて夏祭りを行う保育園・幼稚園も多くあります。校庭や近隣のグラウンドなどで、先生や保護者が模擬店を出し、食べ物やゲームを提供することも。土曜日や夏休みに行われることが多く、子どもの服装は浴衣や甚平が人気です。

※すべて必要なわけではありません。各ご家庭によってやりたいこと、やりたい部分のみ検討・準備・記入をしましょう。

水遊び〈0 〜 2 歳頃〉

おむつをしている間は家庭用プールが安心。公共プールなら水遊び用おむつ可な施設を探して。

★おすわりがしっかりできる生後7〜9ヶ月頃から、プール遊びができる程度の体力がついてきます。公共のプールではおむつのはずれていない赤ちゃんの利用を制限しているところも多いので、小さいうちは家庭用プールが安心です。赤ちゃんは水深が10㎝でも転べばおぼれてしまうので、公共のプールでも家庭用プールでも決して目を離さないようにしましょう。

★上の子がいて赤ちゃんを公共プールに連れていきたいなどの場合は、水遊びおむつ可の赤ちゃん用プールがあるところを調べて出かけましょう。屋外の場合は、赤ちゃん用の日焼け止めを塗り、ラッシュガードやTシャツを着せ、帽子をかぶせて日差しからガード。

★赤ちゃんは吐き戻ししやすいので、食後は30分〜1時間あけてからプールに入りましょう。濡れていると忘れがちですが、水の中でも汗はかいているのでこまめな水分補給を大切に。また、体温調節機能がまだ未成熟なので、体をさわって冷えていないか確かめて。0歳なら6ヶ月以上から15分程度、1歳なら30分程度、2歳なら1時間程度で切り上げるのがおすすめです。

★熱中症のおそれがあるので、暑さ指数（気温・湿度・輻射熱を取り入れた温度の指標）が基準値以上のときはプールは控えましょう。暑さ指数は環境省の「熱中症予防情報サイト」で確認できます。

水遊びの準備リスト
－ 0歳～2歳 －

▶ 検討する＆調べること
どこで水遊びする？

自宅（一戸建て）の庭	ベランダ（集合住宅）	プール	公園のじゃぶじゃぶ池
☐ 水を入れる方法	☐ ベランダ遊び OK？ （契約書チェック）	☐ 水遊びおむつ 着用 OK？	☐ 利用可能年齢は OK？
☐ 排水方法	☐ 水を入れる方法	・候補・営業時間	・候補・利用時間
☐ 日かげはつくれる？	☐ 排水方法	....	....
☐ 道路へ飛び出す危険は？	☐ 日かげはつくれる？	....	....
☐ 近所迷惑にならない？ （水はね・排水・音）			

▶ 用意するもの〈家庭用プールの場合〉

※必要に応じて

- ☐ ビニールプールやたらいなど
- ☐ 空気入れ
- ☐ 子どもの水着
- ☐ 日よけ帽子 ※防水が便利

- ☐ 日焼け止め ※赤ちゃん用
- ☐ 日よけのパラソルやシェードなど
- ☐ じょうろなどの水遊びおもちゃ

▶ 用意するもの〈公共のプールに出かける場合〉

※ ■はマストアイテム、☐はあると便利なものです。
※マーカー部分は公園のじゃぶじゃぶ池に必要な持ち物です。

【水回り品（大人・子ども共通）】
- ■ 水着
- ■ 水遊び用おむつ（子ども）
- ☐ 水泳帽
- ☐ ラッシュガード
- ☐ 日よけ帽子※防水が便利
- ☐ 日焼け止め
※赤ちゃん用
- ☐ ビーチサンダル
- ☐ 浮き輪・ビーチボール
- ☐ ゴーグル
- ■ バスタオル
- ☐ ラップタオル
- ☐ 防水カメラ
- ☐ 防水ポーチ

Free
- ☐ ....
- ☐ ....

【着替え】
- ■ おむつセット
（おむつ・おしりふき・ビニール袋・おむつ替えシート）
- ☐ 予備の着替えセット
（肌着・上下服・靴下・スタイ）

【食事】
- ■ 飲み物
（マグ・水筒）
- ■ ミルクセット
（粉ミルク・湯・水／液体ミルク、哺乳瓶）
- ☐ ベビーフード・軽食
- ☐ 子どものスプーン＆フォーク、食事エプロン
- ☐ 子どものおやつ

Free
- ☐ ....
- ☐ ....

【家族のもの】
- ■ 貴重品（財布・カギ）
- ■ 現金
- ■ 保険証・乳幼児医証・母子手帳
- ■ 携帯電話
- ■ ハンカチ
- ■ ティッシュ・ウェットティッシュ
- ☐ 除菌シート
- ■ ビニール袋 大・小（ゴミ用、濡れたもの用）
- ☐ 虫よけスプレー
- ☐ スキンケア剤
- ■ 救急セット（絆創膏・消毒液など）
- ☐ レジャーシート
- ☐ 日よけテント・パラソル
- ☐ 簡易テーブル

▶ 当日チェックすること
- ☐ 気温
- ☐ 子どもの体調
- ☐ 暑さ指数
※熱中症の危険がある日は取りやめましょう。

▶ 帰ってきたら
- ☐ 洗濯
- ☐ 濡れたサンダルや浮き輪、レジャーシート等を干す
- ☐ 子どもの様子に異変はない？
（体温、おしっこが出ているか、目が赤くなってないかなど）

水遊び〈3～5歳頃〉

水遊びが大好きな子どもにとって夏は天国！ 熱中症には十分に気をつけて、準備万端で楽しみましょう。

★おむつの取れた幼児にとって、夏といえばプール！ 体の浮く感覚や水中で体を動かすおもしろさを満喫してほしいですね。幼児用のすべり台などがある児童プール、水深50cm以下の浅いプールのあるところなら、小さな子どもでも存分に楽しめます。

★注意点は、なんといっても迷子。大勢の人が同じような格好でひしめきあっている公共プールでははぐれてしまいがち。また一番怖いのが、おぼれるときは静かで見ていないと気づかないということ。人とぶつかって浮き輪からはずれてしまうこともあります。決して子どもから目を離さずに遊びましょう。

★じゃぶじゃぶ池のある公園も、夏のお出かけの救世主です。プールとまではいかなくても、浅い池や川、噴水等の水遊び場を備えた公園なら、暑い季節でも思いっきり外遊びを楽しめます。着替えたあと水場に走り戻るケースも考えて、着替えは2～3着、靴の替えもあると安心です。更衣室がないのでラップタオルを忘れずに。他にも公園ごとのルールをチェックしましょう。

★長時間の炎天下は危険なので、朝夕に時間をずらしたり、短時間にしたりと工夫しましょう。

水遊びの準備リスト
－ 3歳〜5歳 －

▶検討すること

☐ プールの候補

・＿＿＿＿＿＿＿＿　・＿＿＿＿＿＿＿＿　・＿＿＿＿＿＿＿＿

☐ じゃぶじゃぶ池がある公園の候補

・＿＿＿＿＿＿＿＿　・＿＿＿＿＿＿＿＿　・＿＿＿＿＿＿＿＿

▶用意するもの〈公共のプールに出かける場合〉

※■はマストアイテム、☐はあると便利なものです。
※マーカー部分は公園のじゃぶじゃぶ池に必要な持ち物です。

【水回り品（大人・子ども共通）】

■ 水着

■ 水遊び用おむつ（子ども）
　※水遊び用おむつOKのプール・じゃぶじゃぶ池
　※必要な時期まで

☐ 水泳帽

☐ ラッシュガード

☐ 日よけ帽子
　※防水が便利

☐ 日焼け止め
　※ウォータープルーフ

☐ ビーチサンダル

☐ 浮き輪・ビーチボール

☐ ゴーグル

■ バスタオル

☐ ラップタオル

☐ 防水カメラ

☐ 防水ポーチ

┌─ Free ─
☐ ＿＿＿＿＿＿
☐ ＿＿＿＿＿＿
└─

【着替え】

■ おむつセット
　（おむつ・おしりふき・ビニール袋・おむつ替えシート）※必要な時期まで

☐ 予備の着替えセット
　（肌着・トレーニングパンツ・上下服・靴下）

【食事】

■ 飲み物（水筒）

☐ 軽食

☐ 子どものスプーン＆フォーク、食事エプロン

☐ 子どものおやつ

┌─ Free ─
☐ ＿＿＿＿＿＿
☐ ＿＿＿＿＿＿
☐ ＿＿＿＿＿＿
└─

【家族のもの】

■ 貴重品（財布・カギ）

■ 現金

■ 保険証・乳幼児医証・母子手帳

■ 携帯電話

■ ハンカチ

■ ティッシュ・ウェットティッシュ

☐ 除菌シート

■ ビニール袋　大・小（ゴミ用、濡れたもの用）

☐ 虫よけスプレー

☐ スキンケア剤

☐ 救急セット（絆創膏・消毒液など）

☐ レジャーシート

☐ 日よけテント・パラソル

☐ 簡易テーブル

▶当日チェックすること

☐ 気温

☐ 暑さ指数　※熱中症の危険がある日は取りやめましょう。

☐ 子どもの体調

▶帰ってきたら

☐ 洗濯

☐ 濡れたサンダルや浮き輪、レジャーシート等を干す

☐ 子どもの様子に異変はない？
　（体温、おしっこが出ているか、目が赤くなってないかなど）

年間行事・イベント

▶ 0〜5歳

ハロウィン

日本にも定着してきたハロウィン。「仮装」「お菓子」と子どもにとっては最高のイベントです。

★ハロウィンの起源は、古代ケルト民族の年越しです。11月1日が新年だった彼らは、10月31日の夜から収穫祭を行っていました。その夜は霊界との扉が開き行き来が自由になるので、各家庭では悪霊が入ってこないようかまどに火を焚いていました。仮装は、人間であることを隠して悪霊に魂を取られないようにと行っていたのです。だから今でもこわいお化けの格好が本格派とされるのですね。

★子どもには、かぼちゃのモチーフやプリンセスといった可愛らしい格好や、好きなキャラクターなど喜ぶ仮装をさせてあげたいところ！ 赤ちゃんにはかわいい小道具を使った寝相アートもおすすめです。いつもとはちょっと違うお菓子をあげたり、ディナーをハロウィンご飯にするととっても喜んでくれますよ。

★「トリック・オア・トリート！（お菓子をくれなきゃいたずらするぞ！）」と家々を訪れると、「ハッピーハロウィン！」と家の人がお菓子を渡してくれるのがメインイベント。日本でこの習慣はありませんが、ホームパーティーを開いて子どもにお菓子を配る家庭や、仮装イベントやパレードが催される地域もあります。写真映えするスペースを設える公園や、仮装で入場料が割引になる施設もあるのでお出かけするのも楽しそうです。

産前

0歳

1歳

2歳

3歳

4歳

5歳

ハロウィンの準備リスト

トリック or トリート！

▶ どんなイベントにする？

☐ ハロウィンパーティーをする？
　　する／しない
　　家族で／お友達と

☐ 仮装をする？　する／しない
　　候補 _____
　　_____

☐ 写真撮影　する／しない

☐ 部屋を飾り付ける？　する／しない
　　どんな飾り？ _____

☐ ハロウィンメニューをつくる？
　　購入／つくる／なし
　　どんなご飯？ _____
　　_____

☐ イベントなどに参加する？
　　する／しない
　　候補 _____

☐ 招待する人
　　☐祖父母　招待する／しない
　　☐ _____
　　☐ _____
　　☐ _____

▶ 当日すること

☐ 部屋の飾り付け

☐ ハロウィンパーティーの準備

☐ ハロウィンパーティー

☐ 写真撮影

▶ 準備しよう！

〈お友達を呼ぶなら〉

☐ ゲームなどの準備

☐ お菓子やジュースの準備

☐ お菓子（配る人数を想定して）の買い出し
　・_____
　・_____
　・_____

☐ 仮装の衣装（購入／つくる）

☐ 部屋の飾り付け（購入／つくる）

☐ ハロウィンメニューの材料の買い出し
　・_____
　・_____
　・_____

☐ イベントやスポットに行くなら下調べ

Mini Column　みんなの体験談！

ハロウィンどうしてる？

「わが家では毎年、ハロウィンの日に家中にお菓子を隠します。お菓子には付箋でなぞなぞがつけてあり、それを解くともらえるというゲーム。毎年子どもたちが楽しみにしていて、お友達を招いてみんなで行う場合も。100円ショップで買ったマントやカチューシャを複数個用意して好きに着てもらい、希望者には水で落ちるフェイスペイントをします。ちょっとしたイベントですが、大盛り上がりです」

（3姉妹ママ）

※すべて必要なわけではありません。各ご家庭によってやりたいこと、やりたい部分のみ検討・準備・記入をしましょう。

七五三〈3歳〉

初めての七五三はまだ小さな3歳。親も慣れないので、家族全員が負担に
ならないことを意識しましょう。

★「七五三」とは、7歳・5歳・3歳という節目にそれまでの無事な
成長を祝い、これからの健康を願う行事です。昔は男児が数え年の
3歳と5歳、女児が数え年の3歳と7歳でお祝いしていましたが、現
在は満年齢でお祝いする家庭が増えています。地域によっては、男
児は5歳のときだけ行うところも。きょうだいで一緒に行えるよう
に、年齢をずらしてお祝いする家庭もあります。

★七五三の日は11月15日ですが、混雑を避けて10月〜11月下旬の
どこかで参拝するのが一般的。参拝と写真撮影が同日だと大変なの
で、写真スタジオの早撮りキャンペーンを利用しても。同日の場
合、神社の写真スタジオや、出張撮影サービスを利用すると無理が
ありません。

★3歳女児の和装は「三つ身」、3歳男児の和装は「被布」です。洋
装ならワンピースやセットアップ、スーツなどに。早めにレンタル
予約しないと希望のものが借りられないことがあるので、できれば
5月頃からレンタルショップのリサーチを開始すると○

★ママは和装なら訪問着や色無地など、洋装ならワンピースやセッ
トアップが主流です。パパは冠婚葬祭用のスーツかビジネススー
ツ、または和装で。きょうだいもフォーマルスタイルがベストです
が、ややよそゆき用のカジュアルでもOKです。

七五三〈5歳〉

男の子が社会の一員として認められる行事が、5歳の七五三です。

★5歳の七五三は男児のみのイベントです。男児の七五三は地域や家庭によって3歳と5歳で行う場合と、5歳のみ行う場合があります。

★5歳では、初めて袴を着用する「袴儀（はかまぎ）」を行ないます。袴は江戸時代の武士が公の場で身につける正装であったことから、この儀式は男児にとって「男として社会の一員になる」という意味を持っています。正式には、袴とともに「紋付き」と「羽織」を着用します。

★動きたい盛りで和装での参拝が心配なら、和装で記念撮影を先に済ませておき、参拝当日は洋装にするのもありです。洋装の場合はフォーマルなパンツスタイルかスーツが一般的。

★ママは和装なら訪問着や色無地など、洋装ならワンピースやセットアップが主流です。パパは冠婚葬祭用のスーツかビジネススーツ、または和装で。きょうだいもフォーマルスタイルがベストですが、ややよそゆき用のカジュアルでもOKです。

Mini Column

7歳の七五三

乳幼児の死亡率が高かった昔は、7歳になるまで「子どもが無事に育ちますように」と願う儀式がいくつもありました。いよいよ7歳になった女の子は、大人の着物とほぼ同じつくりの「四つ身（み）」を着て、「箱迫（はこせこ）」と扇子を胸元に入れ、「志古貴（しごき）」という芯のない帯を帯下に結び、成人女性と同じ格好をすることで大人の仲間入りを果たします。

七五三の準備リスト〈3歳・5歳〉

※3歳の七五三・5歳の七五三共通のリストです。

▶ どんなお祝いにする？

- ☐ 参拝する日どり
  　　　　　月　　　日　　　　時頃

- ☐ 参拝する神社

- ☐ 交通手段
  車／タクシー／電車

- ☐ 祈祷もお願いする？
  する／しない

- ☐ 写真撮影
  ・写真スタジオ
  ・神社の写真スタジオ
  ・出張撮影サービス
  ・家族だけで

- ☐ 写真撮影の日程
  参拝と同日／別日

- ☐ 子どもの衣装
  ・和装／洋装
  ・購入／レンタル／自前

- ☐ ママの衣装
  ・和装／洋装
  ・購入／レンタル／自前

- ☐ パパの衣装
  和装／洋装

- ☐ きょうだいの衣装

- ☐ 招待する人
  ☐祖父母　招待する／しない
  ☐
  ☐
  ☐

- ☐ 会食する？
  自宅／お店／しない

▶ 準備しよう！

- ☐ 神社の下調べ

- ☐ 祈祷の予約

- ☐ 初穂料（5000〜10000円ほど）の準備
  ※のし袋に入れて子どもの名を記名します。

- ☐ 家を出る時間の確　　　　：

- ☐ 写真撮影の予約

- ☐ カメラのメモリを確認＆充電

- ☐ 子どもの衣装準備
  ・購入
  ・レンタル
  ・自前→陰干しする
  　☐ 着付け・ヘアセットの予約

- ☐ 大人の衣装準備
  ・購入
  ・レンタル
  ・自前→陰干しする
  　☐ 着付け・ヘアセットの予約

- ☐ きょうだいの衣装の陰干し

- ☐ 招く人を迎える準備
  ・連絡
  ・宿泊予約
  ・布団のレンタル
  ・食事

- ☐ 会食の準備
  ・店の予約
  ・出前の予約
  ・献立

- ☐ 子どもの心の準備
  ※衣装を事前に着せて慣れさせたり、着せる予定の服の写真を見せて「素敵だね〜」と気分を盛り上げておくとスムーズです。

七五三の当日やることリスト〈3歳・5歳〉

※ 3歳の七五三・5歳の七五三共通のリストです。

▶ 当日の持ち物

〔参拝用〕

☐ 初穂料

☐ カメラ・ビデオ

☐ ストール
※肌寒い季節のはおりに

〔子どもの衣装関係〕

☐ 衣装セット
※自宅から持って行くとき

☐ ヘアピン
※まとめ髪の乱れに

☐ 洗濯ばさみ
※着物でトイレに行くときに

☐ 予備の着替え
※会食前に着替えるなど

☐ おむつセット・下着の替え
※必要に応じて

☐ 履き慣れた靴・靴下・絆創膏
※靴ずれに備える

〔飲食系〕

☐ 子どもの飲み物
※衣装にこぼさないようストロータイプを

☐ おやつ

〔大人のもの〕

☐ 衣装セット
※自宅から持って行くとき

☐ ハンカチ

☐ ティッシュ・ウエットティッシュ・除菌シート

☐ ビニール袋

☐ メイク直しアイテム

☐ 貴重品（財布・カギ）

☐ 携帯電話

Free

☐ ....

☐ ....

▶ 当日のスケジュール

5：00	
6：00	
7：00	
8：00	
9：00	
10：00	
11：00	
12：00	
13：00	
14：00	
15：00	
16：00	
17：00	
18：00	
19：00	

● 着付けや神社での祈祷の時間、会食の予約時間などをメモしておきましょう。

● 招く人がいる場合はお迎え、待ち合わせなどの時間もメモしておくと○

クリスマス〈0〜1歳頃〉

赤ちゃんや小さな幼児とのクリスマスは、ゆっくりお家でがおすすめです。

産前

0
歳

1
歳

2
歳

3
歳

4
歳

5
歳

★赤ちゃんがまだクリスマスを理解できない年齢でも、楽しい雰囲気は一緒に楽しむことができます。シーズンが近づいたら、クリスマスの絵本を見せたり、クリスマスバージョンの手遊び歌（「とんとんとんとんひげじいさん」「1と1で〇〇になっちゃった」など）で遊んで雰囲気づくりをしてみてもいいですね。

★初めての子どもが生まれると、クリスマスツリーの購入を検討するお家も多いのではないでしょうか。ただ、赤ちゃんが動けるようになるとツリーを倒してしまったり、オーナメントを口に入れたりする心配があるので、赤ちゃんの手の届かないところに飾る必要があります。小さいうちはツリーは出さず、ガーランドやウォールステッカーをつけたり、卓上ツリーにしたりするのもひとつです。

★離乳食期の赤ちゃんのクリスマスメニューは、月齢によりますが、キャベツペーストやトマトペーストでクリスマスカラーのご飯にしてみたり、チーズで星をつくってのせてみても。

★クリスマスが平日の場合、パーティーは週末のお休みの日にする家庭も多いようです。平日のクリスマスイブに何もしないのもさみしいという場合は、一品だけクリスマス感のあるものを出し、あとは無理せずクリスマスソングを流したりするはいかがでしょうか。

クリスマスの準備リスト
－ 0歳～1歳 －

▶ どんなイベントにする？

- [ ] **クリスマスパーティー**
  する／しない
- [ ] **クリスマスパーティーの日程**
  12月24日／25日
  その他
- [ ] **クリスマスプレゼント**
  用意する／しない
  候補

- [ ] **赤ちゃんのクリスマス衣装**
  用意する／しない
  どんな衣装？

- [ ] **クリスマスの飾り付け**
  ・クリスマスツリー　飾る／飾らない
  ・リース、ろうそくなど　飾る／飾らない
- [ ] **赤ちゃんの食事**
  離乳食のクリスマスメニュー／いつも通り
  どんなメニュー？

- [ ] **大人の食事**
  クリスマスメニュー／いつも通り
  どんなメニュー？

- [ ] **クリスマスケーキ**
  購入／つくる／なし
  お店

  どんなケーキ？

- [ ] **招待する人**
  □祖父母　招待する／しない
  □

▶ 準備しよう！

- [ ] **ツリーの購入**（なければ）
- [ ] **ツリーを飾る**　いつ？
- [ ] **部屋の飾り付け**　いつ？
- [ ] **クリスマスソングのBGM**
- [ ] **クリスマスプレゼントの手配**
  なにを？
  どこで？
- [ ] **離乳食のクリスマスメニューの材料買い出し**

- [ ] **大人のクリスマスメニューの材料買い出し**

- [ ] **クリスマスケーキの予約or材料買い出し**

- [ ] **招く人への連絡・受け入れ準備**

▶ 当日すること

- [ ] **部屋の飾り付け**
- [ ] **クリスマスメニューの準備**
- [ ] **招待客の受け入れ**
- [ ] **クリスマスパーティー**
- [ ] **写真撮影**

※すべて必要なわけではありません。各ご家庭によってやりたいこと、やりたい部分のみ検討・準備・記入をしましょう。

クリスマス〈2〜5歳頃〉

クリスマスの楽しさがわかってくる頃。飾り付けから子どもと一緒にワクワクできます。

★2歳くらいになると、クリスマスやサンタクロースをなんとなく理解し始め、3歳以降はクリスマスの飾り付けや料理など、一緒にできることが増えてきます。ツリーにオーナメントをつけたり、お菓子入りのアドベントカレンダーを用意して毎日1コマずつあけるのも、クリスマスへのわくわく感を高めてくれます。

★3歳頃からは自分の意思がはっきりしてきて、クリスマスプレゼントに何が欲しいかが明確な子も多いでしょう。人気商品は早めに手配しないと手に入らないことがあるので、11月中にはさりげなくサンタさんの代理で聞いておくと○。「せっかく用意したのに直前で希望を変える」なんて問題も出てくる頃ですが、サンタさんにお手紙（絵）を書いてもらうのが有効です。

Mini Column

おもちゃについて知っておきたいこと

おもちゃには、「主食のおもちゃ」と「おやつのおもちゃ」があると言われています。「主食のおもちゃ」は、たとえばボールや積み木など、華やかさはないものの、子どもの精神を豊かにするものです。工夫して遊ぶことが自発性や創造性を育てることにつながります。一方、「おやつのおもちゃ」は流行りものや仕掛けおもちゃなど。たとえばミニカーやキャラクター人形などです。派手さはあるものの遊び方が限定されていることが多いため、一般的に興味を持つ期間が短くなります。どちらも必要ですが、子ども目線ではどうしてもおやつに目が行きがちです。イベントなどでは子どもが「おやつのおもちゃ」を選ぶ楽しさも尊重しつつ、見立て遊びにつながったり、自らの発見や工夫で遊びが広がり、飽きのこない「主食のおもちゃ」のよさも大人が知っておくことが大切ですね。

※参考：『おもちゃの選び方・与え方』（和久洋三著）

産前
0歳
1歳
2歳
3歳
4歳
5歳

クリスマスの準備リスト
－ 2歳〜5歳 －

▶ **どんなイベントにする？**

☐ どこかにお出かけする？
　　する／しない
　　どこに行く？

☐ クリスマスパーティー
　　する／しない

☐ クリマスパーティーの日程
　　12月24日／25日
　　その他

☐ クリスマスプレゼント
　　・サンタさん　くる／こない
　　・サンタさんへのオーダー　手紙／親が代理で聞く

☐ 写真撮影
　　する／しない

☐ クリスマスの飾り付け
　　・クリスマスツリー　飾る／飾らない
　　・リース、ろうそくなど　飾る／飾らない

☐ アドベントカレンダー
　　用意する／しない

☐ クリスマスメニュー
　　購入／つくる／なし
　　どんなメニュー？

☐ クリスマスケーキ
　　購入／つくる／なし
　　どんなケーキ？

☐ 招待する人
　　☐祖父母　招待する／しない
　　☐
　　☐
　　☐

▶ **準備しよう！**

〈子どもと一緒に〉

☐ サンタさんに手紙を書いてもらう
☐ ツリーを飾る　いつ？
☐ 部屋の飾り付け　いつ？
☐ クリスマスソングを一緒に歌う
☐ 1日1コマアドベントカレンダーをあける

〈大人の準備〉

☐ お出かけの下調べ、予約など

☐ クリスマスプレゼントの手配
　　なにを？
　　どこで？

☐ クリスマスメニューの材料買い出し

☐ クリスマスケーキの予約 or 材料買い出し

☐ 招く人への連絡・受け入れ準備

▶ **当日すること**

☐ 部屋の飾り付け
☐ クリスマスメニューの準備
☐ 招待客の受け入れ
☐ クリスマスパーティー・写真撮影
☐ サンタさんがくる

※すべて必要なわけではありません。各ご家庭によってやりたいこと、やりたい部分のみ検討・準備・記入をしましょう。

子どもと過ごすお正月・節分

【お正月】

　赤ちゃんが生まれて初めて迎えるお正月は「初正月」と呼ばれます。初正月には、厄除けとして女の子に「羽子板」を、男の子に「破魔弓（はまゆみ）」を贈る風習があり、祖父母や親戚から贈るのが主流です。ただ今は住宅事情などの変化により、特に用意しないご家庭も多くなっています。

　子どもが成長して一緒に遊べるようになったら、お正月には昔からある日本らしい遊びや、伝統的なおもちゃ遊びを楽しんでみるのはいかがでしょうか。かるたや百人一首、コマ回し、だるま落とし、羽根つき、福笑い、凧揚げ、メンコ、お手玉、けん玉など。お正月遊びには願掛けや厄除けなどさまざまな意味が込められていて、文化を知るいい機会になります。

【節分】

　節分のメインイベントである豆まきですが、小さな子どもが気管支に豆を詰まらせる事故が毎年起きており、消費庁は5歳以下の子どもに豆を食べさせないよう注意を呼びかけています。そのため、小学校にあがるまでは個包装の小さなお菓子を投げる「お菓子まき」に代えたり、新聞紙やチラシを丸めたボールで鬼退治をしたり、豆を使わずに豆まきのイベントを楽しんでみましょう。

　節分の料理といえば恵方巻きですが、赤ちゃんにはおかゆと野菜ペーストで鬼を成形したり、子どもには鬼カレーをつくってあげたりすると喜ばれます。また節分の日に「鰯（いわし）のめざし」を焼いて食べることもあるので、子ども向けに鰯ハンバーグをつくってみるのもおすすめです。

第 5 章

5

育児に必要な
ものの準備

必要なものはどんどん変わり、育児はもの選びと買い物の連続。年齢ごとの目安リストをぜひ役立てて！

子どもの月齢・年齢に合った服の種類やサイズはそのつど調べないと選び方が難しいもの。本章では年齢別に服の選び方をご紹介します。

ちなみに子どもの服は「ジャストサイズを買う派」と「ワンサイズ上を買う派」に分かれます。ワンサイズ上を買う派のメリットは翌年も着せられて経済的なこと、デメリットは袖や裾を折り返して着せなければならないこと。ただし保育園や幼稚園で「ジャストサイズで」と指定される場合もあるので、生活に合わせて選びましょう。

おもちゃも成長ごとに遊ぶものが変わります。「通過しておくといいおもちゃはあるの？」「同じ年齢の子はどんなおもちゃで遊んでいる？」なども気になるところではないでしょうか。本章では年齢ごとに一般的によく遊ばれるおもちゃをご紹介しているので、ぜひ選ぶ際の参考にしてみてください。

すぐ知りたいことはなんですか？

子ども服の
買い足し

おもちゃの
選び方

防災

絵本の
選び方
▶ P206へ

生後6ヶ月～
1歳頃
▶ P184へ

新生児～
生後6ヶ月頃
▶ P192へ

0～1歳
▶ P210へ

1歳
▶ P186へ

生後6ヶ月～
1歳頃
▶ P194へ

2～5歳
▶ P212へ

2歳
▶ P188へ

1歳
▶ P196へ

家の備蓄品
▶ P214へ

3～5歳
▶ P190へ

2歳
▶ P198へ

3～5歳
▶ P200へ

手づくり
おもちゃ
▶ P202へ

洋服の買い足し
〈生後6ヶ月頃〜1歳頃〉

少しずつおすわりがしっかりしてくるので、かぶりものの服も着せやすくなります。

★新生児期〜生後6ヶ月くらいまでは、生まれる前に用意した前開きの肌着とベビー服（P24参照）で乗り切れることが多いでしょう（夏〜秋生まれの場合は生後3〜5ヶ月で暖かいカバーオールやツーウェイオール、抱っこ紐用の防寒ケープを買い足す場合も）。

★生後6ヶ月を過ぎると動きが活発になり、おすわりや腹ばいなどの姿勢で遊ぶように。前で合わせる肌着だと結び目が当たってしまいます。頭からかぶせるボディ肌着なら、おすわりで着せやすく、股下でホック留めするので活発に動いてもはだけにくいのが特長です。（保育園では上下セパレートの肌着を指定されることも。予定のある人は考慮に入れておきましょう）。

★生後6ヶ月までは、肌着の上に着せるものも上下つながっているカバーオールタイプが多かったと思いますが、6ヶ月以降は、トップス＆ボトムスのセパレートタイプのほうが上下別にお着替えできて便利になってきます。

★秋冬のアウターはオールインワンやジャンパーなど動きやすいものがおすすめ。ポンチョタイプはかわいらしいのですが袖部分がもたつくので、抱っこ紐ではなくベビーカーのお出かけに。

産前

0歳

1歳

2歳

3歳

4歳

5歳

生後6ヶ月頃〜1歳頃の洋服買い足しリスト

生後6ヶ月頃〜1歳頃で持っているとよい洋服例 [購入サイズ目安：70〜80cm]
※サイズは個人差があります

※この時期は朝、お昼寝後と1日2回は着替えるので1日2組、洗い替えを入れると少なくとも4組必要です

- ☐ ボディ肌着 … 6〜8枚ほど
- ☐ トップス（半袖、長袖）… 各6枚ほど
- ☐ ボトムス（くるぶし丈・長め丈まぜて）… 6枚ほど
- ☐ 靴下（サイズ目安：9〜12cm）… 4足ほど
- ☐ 帽子（夏はつばや日よけのあるもの、冬は防寒用／サイズ目安：44〜46cm）… 各ひとつ
- ☐ カーディガン、ジャンパーなどのはおり物（薄手1枚、厚手1枚）… 2枚ほど
- ☐ 防寒用カバーオール（抱っこ紐、ベビーカーでのお出かけ時）… 1枚ほど

買い足しリスト
※左の表を参考に足りないものを買い足しましょう。

	アイテム名	サイズ	買う場所
☐	× 枚		ネット／お店 （　　　　　）
☐	× 枚		ネット／お店 （　　　　　）
☐	× 枚		ネット／お店 （　　　　　）
☐	× 枚		ネット／お店 （　　　　　）
☐	× 枚		ネット／お店 （　　　　　）
☐	× 枚		ネット／お店 （　　　　　）

生後6ヶ月頃〜1歳頃の服装例

春 気温を確認し、着脱しやすい服で

外出時には…

をプラス

夏 吸汗性のよいコットンなどの素材を選んで

お家の中なら肌着1枚でもOK

or

外出時には…

をプラス

秋 日中なら半袖トップスでもOK

外出時には…

をプラス

冬 暖かい室内にいるときは厚着になりすぎないように

外出時には…

をプラス

洋服の買い足し〈1歳〉

たっち、あんよができるようになってきたら立たせてのお着替えが可能になり、服装も変化します。

産前

0歳

1歳

2歳

3歳

4歳

5歳

★1歳を過ぎると多くの子どもがたっち、あんよができるようになります。おすわりの頃と比べてボトムスのお着替えがラクに。その半面、じっとしていないので、短時間ではかせてあげられるストレッチ素材のボトムスやスパッツがおすすめです。

★動き回るので肌着・トップスは首回りが広めでサッとかぶせて着せられるTシャツ、カットソータイプが大活躍。トップスはボタン留めのシャツはきちんと感が出るし、おしゃれでかわいいのですが、着せるのに手間がかかります。脱ぎ着できるカーディガンを1枚持っていると、季節の変わり目に活躍します。

★子どもはもともと体温が高く、0歳の頃より動きが活発になるので、汗をかきやすくなっています。特に冬は「寒いから」と、保温機能のある肌着や起毛素材のトップスを着せていると、知らない間に汗をかき、あせもなどの肌トラブルが起きることも。

★初めて靴を買うときは、足のサイズを測ってくれて、選び方のポイントを教えてもらえるお店がおすすめ。3歳までは半年で1cm大きくなるといわれているので、3ヶ月に1回は足のサイズの計測を。面ファスナータイプのものを選び、大きめのサイズは靴の中で足がずれて歩きづらいので避けましょう。

1歳の洋服買い足しリスト

1歳で持っているといい洋服例 ［購入サイズ目安：80〜90cm］
※サイズは個人差があります

※この時期は朝、お昼寝後と1日2回は着替えるので1日2組、洗い替えを入れると少なくとも4組必要です

- ☐ ボディ肌着 … 4〜6枚ほど
  → （セパレートに移行したら）ベビー肌着 … 4〜6枚ほど
- ☐ トップス（半袖、長袖）… 各4枚ほど
- ☐ ボトムス（くるぶし丈・長め丈まぜて）… 4〜6枚ほど
- ☐ 靴下（サイズ目安：11〜13cm）… 4足ほど
- ☐ 靴（サイズ目安：11〜13cm）… 2足ほど＋サンダル
- ☐ 帽子（夏はつばや日よけのあるもの、冬は防寒用／サイズ目安：48cm）… 各ひとつくらい
- ☐ カーディガン、ジャンパーなどのはおり物… 薄手1枚、厚手1枚ほど
- ☐ 防寒用ジャンパー … 1〜2枚ほど

買い足しリスト
※左の表を参考に足りないものを買い足しましょう。

	アイテム名	サイズ	買う場所
☐		× 枚	ネット／お店（ ）
☐		× 枚	ネット／お店（ ）
☐		× 枚	ネット／お店（ ）
☐		× 枚	ネット／お店（ ）
☐		× 枚	ネット／お店（ ）
☐		× 枚	ネット／お店（ ）

1歳〜2歳頃までの服装例

春　空調がきいている場合は薄着で

or ＋ ＋
外出時には…
 をプラス

夏　吸汗性のいい素材のものを

or ＋ ＋
外出時には…
 をプラス

秋　天気予報をチェックし寒暖差にこまめに対応を

or ＋ ＋
外出時には…
 をプラス

冬　室内は意外と暖かいので厚着しすぎないように

or ＋ ＋ ＋
外出時には…
 or をプラス

育児に必要なものの準備 ▶ 2歳

洋服の買い足し〈2歳〉

「自分で！」という気持ちが芽生えるので、お着替えも自分でやりたがるようになります。

★2歳になると「自分でやりたい」気持ちが芽生え、お着替えもひとりでやりたがり、成功するとそれが本人の自信につながります。首回りのあきが大きくて前後の区別がつきやすいトップスや、はき口のゴムがきつすぎない靴下など、ひとりでも着やすいアイテムを選んであげましょう。

★パジャマは大きめボタンがついたものを選ぶと子どもが自分でボタンをかける練習にもつながります。パジャマによっては練習用にボタンホールの糸の色とボタンの色を同色にし、ボタンのかけ違いを防ぐ工夫が施されているものも。また、ごっこ遊び好きの子なら、まずはお世話人形のパジャマで練習をしてから自分のパジャマのボタンの練習をするとスムーズにできることがあります。

★トイレトレーニングを始める子が多い年齢です。できれば春夏のスタートがいいでしょう。「トイトレ卒業後も使えるから」と、普通のパンツを多めに買い、3枚重ねばきさせてトレーニングをする方がいますが、頻繁におしっこが漏れるため、親子でストレスに。子どもには濡れた感覚がわかるものの、外には漏れないトイレトレーニング専用のパンツかおむつがおすすめです。

2歳の洋服買い足しリスト

2歳で持っているといい洋服例 ［購入サイズ目安：90 〜 95cm］
※サイズは個人差があります

※この時期は朝、お昼寝後と1日2回は着替えるので1日2組、洗い替えを入れると少なくとも4組必要です。そのほかトイレトレーニングを始める場合は、肌着、トップス、トレーニングパンツ、ボトムス、靴下を＋1〜2枚多めに持っていると安心です。

☐ 肌着（セパレートのもの）… 4〜6枚ほど

☐ トップス（半袖、長袖／丈が長めのチュニックをまぜても）… 各4〜6枚ほど

☐ ボトムス（くるぶし丈・長め丈まぜて）… 4〜6枚ほど

☐ トイレトレーニング用パンツ（最初2枚購入し、よかったら買い足す。トレーニングおむつと併用しても可）… 4〜6枚ほど

☐ 靴下（サイズ目安：13〜15cm）… 4〜6足ほど

☐ 靴（サイズ目安：13〜15cm）… 2足ほど ＋サンダル

☐ 帽子（夏はつばや日よけのあるもの、冬は防寒用／サイズ目安：50cm）… 各ひとつくらい

☐ カーディガン、ジャンパーなどのはおり物… 薄手1枚、厚手1枚ほど

☐ 防寒用ジャンパー … 1〜2枚ほど

買い足しリスト
※左の表を参考に足りないものを買い足しましょう。

	アイテム名	サイズ	買う場所
☐			ネット／お店
		× 枚	（　　　　）
☐			ネット／お店
		× 枚	（　　　　）
☐			ネット／お店
		× 枚	（　　　　）
☐			ネット／お店
		× 枚	（　　　　）
☐			ネット／お店
		× 枚	（　　　　）
☐			ネット／お店
		× 枚	（　　　　）

2歳の服装例

春 大人より－1枚でOK

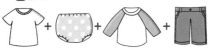

外出時には… トイレトレーニンググッズ（替えの肌着、パンツ、ボトムス、靴下）をプラス

夏 チュニック＋レギンスでワンピース風に着ても

外出時には… トイレトレーニンググッズ（替えの肌着、パンツ、ボトムス、靴下）をプラス

秋 寒暖差にこまめに対応できる服装に

外出時には… 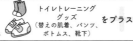 トイレトレーニンググッズ（替えの肌着、パンツ、ボトムス、靴下）をプラス

冬 寒い日に外出する場合は、トイトレを一時お休みしても

外出時には… トイレトレーニンググッズ（替えの肌着、パンツ、ボトムス、靴下）をプラス

洋服の買い足し
〈3 〜 5歳〉

3歳以上は動きがより活発になるので、洋服の消耗も早くなります。

★3歳を超えると、走る、ジャンプするなどの動きがより活発になります。そういった子どもの動きを妨げないよう、服は装飾が少ないデザインで、汚れてもいいものが安心です。

★3〜5歳で気をつけたい服は、どこかにひっかかる心配があるもの。たとえばパーカーのフードが遊具やドアにひっかかって転倒したり、アウターのベルトが自転車に巻き込まれて事故につながったりする可能性があります。この時期はひっかかる・ひっぱられる部分があるデザインは避けたほうがいいでしょう。

★3歳になると日中はほぼパンツで過ごすという子が増えてきます。そうなったら伸縮性があり、トイレで上げ下げしやすいボトムスを。ひとりでトイレへ行く際もスムーズにズボンやパンツを下ろすことができ、「上手にできた！」という自信につながります。

★外食の際も洋服に気を配るといいでしょう。ラーメンやスパゲッティなどの麺類は、汁やソースが飛んで服につく可能性が。年齢が上がるにつれて、食事エプロンをつけるのをイヤがる子も多くなるので、汚れてもいい服を着せたほうがヒヤヒヤせずに済みます。

３〜５歳の洋服買い足しリスト

３〜５歳で持っているといい洋服例

[購入サイズ目安：３〜４歳：95〜105cm、5歳：105〜110cm]

※サイズは個人差があります

※この時期は朝、外遊び後と１日２回着替えることを考え１日２組、洗い替えを入れると少なくとも４組必要です。

- ☐ 肌着 … ４〜６枚ほど
- ☐ トップス（半袖、長袖／丈が長めのチュニックをまぜても）… 各４〜６枚ほど
- ☐ ボトムス（くるぶし丈・長め丈まぜて）… ４〜６枚ほど
- ☐ パンツ or トレーニング用パンツ … ６枚ほど
- ☐ 靴下（サイズ目安：15〜17cm）… ４〜６足ほど
- ☐ 靴（サイズ目安／３〜４歳：14〜16cm、5歳：16〜18cm）… ２足ほど＋サンダル
- ☐ 帽子（夏はつばや日よけのあるもの・冬は防寒用／サイズ目安：52〜54cm）… 各ひとつくらい
- ☐ カーディガン、ジャンパーなどのはおり物 … 薄手１枚、厚手１枚ほど
- ☐ 防寒用ジャンパー … １〜２枚ほど

買い足しリスト

※左の表を参考に足りないものを買い足しましょう。

	アイテム名	サイズ	買う場所
☐	× 枚		ネット／お店 （　　　　　）
☐	× 枚		ネット／お店 （　　　　　）
☐	× 枚		ネット／お店 （　　　　　）
☐	× 枚		ネット／お店 （　　　　　）
☐	× 枚		ネット／お店 （　　　　　）
☐	× 枚		ネット／お店 （　　　　　）
☐	× 枚		ネット／お店 （　　　　　）

３〜５歳児の季節のコーディネート例

春・秋

着脱しやすい
前開きのトップスで調節

夏

吸汗性の良い素材を

冬

アウターの中は大人より−１枚を心がけて

中のトップスは半袖＋長袖のレイヤードもあり。同じ長袖Ｔシャツの雰囲気が変わるし、保温効果も！

年齢別・おもちゃの選び方 〈新生児～生後6ヶ月頃〉

新生児期～生後半年までは未発達な視力を刺激し、首を上げて遊べるおもちゃがおすすめです。

産前

0歳

1歳

2歳

3歳

4歳

5歳

★生まれたての赤ちゃんはほとんど目が見えておらず、色も黒と白などコントラストのはっきりしたものでないとわからないので、この時期はモノクロのおもちゃがピッタリ！ 生後3ヶ月頃になると赤、青などのビビッドな色なら認識できるように。

★聴覚は生まれたときにすでに発達しているので、生後すぐから優しい音色がするおもちゃを顔の近くで鳴らしてみると、赤ちゃんが反応してくれるかもしれません。

★3～4ヶ月頃になると首がすわり始めます。首がすわったら1日数分間腹ばいにさせることで、首の筋力や全身の筋力をアップすることができます。ただし、ひとりで腹ばいにさせると口や鼻をふさいでしまう心配があるので、必ず目を離さず見守ります。

★木製など自然素材のおもちゃは温かみがありますが、よだれなどでベトベトになりがちなこの時期は、プラスティック製やシリコン製など除菌シートで消毒できるものや、布製で洗えるもののほうが清潔に保ちやすい面もあります。自然素材のおもちゃは、よだれが減る時期から多く取り入れてもいいですね。

生後0〜6ヶ月頃にぴったりのおもちゃ

この時期に刺激したい視力、聴覚などを鍛えられるおもちゃを
ピックアップしてご紹介します。

※すべてのおもちゃが必要なわけではありません。この時期にあたえるおもちゃを検討する際の参考にしてください。

時期 おすすめ	新生児期〜		
アイテム	**ラトル（ガラガラ）** 振るとコロンコロンと耳に優しい音がします。赤ちゃんが自分でにぎりやすいものがおすすめ。	**メリー** 仰向けで楽しめるおもちゃ。ゆっくりまわるメリーの動きを目で追うことで、視力を刺激します。	**赤ちゃん用の網状ボール** やわらかい網状のボールは、赤ちゃんでもしっかり握れるため、指先のトレーニングにもなります。
選ぶポイント	●耳に優しい音がするか ●赤ちゃんの手で握りやすい形状か ●赤ちゃんが口に入れても安全なサイズ・素材かどうか	●回転スピードがゆっくりか ●メロディモードの数（胎内音モードがあると便利） ●ベッド取り付けと床置きどちらもできるか	●赤ちゃんが認識しやすいはっきりした色か ●音が鳴るものと鳴らないものどちらにするか ●ストラップ付きはベビーカーにも取り付け可能
時期 おすすめ	**首すわり期** （3〜4ヶ月頃）〜	**歯が生え始める期** （6ヶ月頃）〜	その他、 気になるおもちゃリスト
アイテム	**プレイマット・ベビージム** カラフルでおもちゃがたくさんついているマットやジムは赤ちゃんの興味をひき、刺激をあたえます。	**歯がためのおもちゃ** なんでも口に入れてカミカミしだしたら、歯が生え始めて歯ぐきがむずむずしているかもしれません。	☐ _____ ☐ _____ ☐ _____ ☐ _____ ☐ _____ ☐ _____
選ぶポイント	●マットにさまざましかけがついているか ●マット部分を洗濯機で洗えるか ●赤ちゃんが認識しやすいビビッドな色か	●赤ちゃんが口に入れても安全な素材かどうか ●赤ちゃんが握りやすい形状かどうか ●音の出るものも○	☐ _____ ☐ _____ ☐ _____ ☐ _____

年齢別・おもちゃの選び方
〈生後6ヶ月〜1歳頃〉

おすわり、ハイハイ、たっちと成長が著しい時期。時期ごとに合ったおもちゃをご紹介します。

産前

0歳

1歳

2歳

3歳

4歳

5歳

★6ヶ月頃になるとおすわりをしようとする動きが見られることが多くなりますが、まだまだ不安定です。少しずつ安定してきたら、おすわりで遊べるおもちゃを選んであげてください。また、手指も発達してくるので、押しボタンなどが大好きに。ボタンを押すと光ったり、音が鳴ったりするおもちゃなどにも興味津々になります。

★8ヶ月頃になるとしっかりおすわりできるようになる子が多くなります。同時に腹ばいになっておしりをもち上げ、ハイハイで前へ進もうとする子も。ボールなどの動くおもちゃを追いかけて楽しくハイハイの練習を。また、「いないいないばぁ」など、予測できる動きを繰り返し行うのが好きなのもこの時期の特徴です。

★10ヶ月〜1歳頃になると、つかまり立ちをしたり、たっちをしたりし始める子が多くなります。たっちで遊べるテーブルトイや、あんよの練習になる手押し車がおすすめです。

★赤ちゃんによっては人気のおもちゃを買ってもあまり興味を示さないこともあります。できれば児童館などで一度遊んでみてから購入するか決めるとムダがありません。

生後6ヶ月〜1歳頃にぴったりなおもちゃ

この時期に刺激したい感覚や能力を鍛えられるおもちゃを
ピックアップしてご紹介します。

※すべてのおもちゃが必要なわけではありません。この時期にあたえるおもちゃを検討する際の参考にしてください。

時期 おすすめ	おすわり期 （6〜7ヶ月頃）〜		ハイハイ期 （8〜9ヶ月頃）〜
アイテム	おすわりで遊べるおもちゃ 床などに置いて赤ちゃんがおすわりの姿勢で遊ぶことができるおもちゃ。	楽器のおもちゃ おすわりしながらピアノやマラカスなど音楽を楽しめるおもちゃ。	ボール 室内でも速すぎないスピードでコロコロさせられるボール。
選ぶポイント	●押しボタンがあり、ボタンを押すと光る、音が出るなどしかけがあるもの ●生後半年から使える、ワイヤーのビーズを動かすおもちゃもおすすめ ●つくりが丈夫なもの	●赤ちゃんがつかんだり押したりしやすいもの ●音量を調整できるものも便利	●赤ちゃんがハイハイで突進してぶつかっても痛くない素材 ●よく転がるもの ●電池式でどこに転がるか予測できないボールのおもちゃも楽しい

時期 おすすめ	ハイハイ期 （8〜9ヶ月頃）〜	つかまり立ち期 （10ヶ月頃）〜	その他、 気になるおもちゃリスト
アイテム	パペット・ぬいぐるみ 「いないいないばあ」をするときなどにも楽しめる。	手押し車（カタカタ） 押しながら歩くと、室内であんよの練習ができる。	☐ ⋯⋯⋯ ☐ ⋯⋯⋯ ☐ ⋯⋯⋯ ☐ ⋯⋯⋯ ☐ ⋯⋯⋯ ☐ ⋯⋯⋯
選ぶポイント	●手にはめて「いないいないばぁ」の動きがスムーズにできるか ●洗濯できるかどうか ●赤ちゃんの好きな動物やキャラがおすすめ	●タイヤを止められるストッパーがついているか ●速度が出すぎず安全か ●成長しても使えるデザイン・乗用玩具など2WAYにできるか	☐ ⋯⋯⋯ ☐ ⋯⋯⋯ ☐ ⋯⋯⋯ ☐ ⋯⋯⋯

年齢別・おもちゃの選び方 〈1歳〉

大人のマネや言葉を発するおもちゃでコミュニケーション能力アップ。

★1歳を過ぎると小さなものを親指と人差し指でつまんだりすることができます。さらに手先の器用さを鍛えるためには、ボールをつまんで穴に入れて落とすなどするおもちゃや、積み木など「つまむ」「つかむ」動作を伴うものがおすすめです。

★ママやパパが言っていることが少しずつ理解できるようになる時期です。コミュニケーション能力を育むために、「わんわん」や「にゃんにゃん」、食べ物などが出てくるしかけ絵本を使って「わんわんだね」「りんごどこ？」など、1歳でもわかりやすい言葉を使って話しかけましょう。

★大人のマネも大好きになる頃。これは自分以外の人に興味を示している証拠です。マネをすることで、「ご飯の前は手を洗う」などの行動を始め、物事の順番や決まりを学んでいくので、どんどんやらせてあげてください。エアーでマネすることもできますが、たとえばスマホや掃除機、パソコンなどのおもちゃがあると、より本物っぽくでき、モノマネ遊びに夢中になります。

1歳にぴったりのおもちゃ

この時期に刺激したいコミュニケーション能力を養えるおもちゃをラインアップ。

※すべてのおもちゃが必要なわけではありません。この時期にあたえるおもちゃを検討する際の参考にしてください。

時期 おすすめ	たっち期 （1歳〜1歳3ヶ月頃）〜		
アイテム	**積み木・ブロック** 積み木やブロックのパーツを組み合わせて遊びます。	**ボール落とし** 上からボールを入れ、らせん状のループをボールが落ちていく様子を繰り返し楽しみます。	**お絵かきグッズ** 幼少期からお絵かきを通して自己表現をすることは、心の成長に大きな関わりがあると言われています。
選ぶポイント	● 積み木の角やへりが丸まっているか ● ブロックは長く使えるもの、買い足せるパーツが多いもの ※細かいパーツがあるものは対象年齢をチェック！	● ボールがつまみやすい形状か ● 誤飲の心配のない大きさのボールか（母子手帳の誤飲チェッカーで確認）	● クレヨンは口に入れても安全か、水で落とせるか ● 水や磁石で絵を描くものなら繰り返し使える

時期 おすすめ	よちよち期 （1歳3ヶ月〜1歳6ヶ月頃）〜		その他、気になるおもちゃリスト
アイテム	**ぬいぐるみ・しかけ絵本** ぬいぐるみやしかけ絵本を使って会話やごっこ遊びを楽しみましょう。	**スマホ・リモコン・掃除機風のおもちゃ** 大人のマネ、ごっこ遊びに使います。	☐ ＿＿＿＿＿ ☐ ＿＿＿＿＿ ☐ ＿＿＿＿＿ ☐ ＿＿＿＿＿ ☐ ＿＿＿＿＿
選ぶポイント	● おしゃべりするぬいぐるみもあり ● ぬいぐるみにつけられるボタン型スピーカーも ● 洗えるもの、長く使うことを考えてしっかりしたものがおすすめ	● 赤ちゃんが遊びやすい重さか ● 大人が使わなくなった本物でも○ ● 掃除機はホースや箱を組み合わせて手づくりしても	☐ ＿＿＿＿＿ ☐ ＿＿＿＿＿ ☐ ＿＿＿＿＿ ☐ ＿＿＿＿＿

年齢別・おもちゃの選び方
〈2歳〉

遊びながら色の名前、数字、物の名前を吸収していく時期です。

★1歳のときよりさらに手先を細かく動かせるようになり、積み木やブロックなどを高く積んだりすることができるようになります。手先の器用さを養うためには、紐に大きめのビーズを通したりする「紐通し」遊びがおすすめ。「どちらが早く通せるか」など競争の要素を入れて楽しむのもいいですね。

★色の名前、数字、物の名前をどんどん吸収していく時期。カラフルな粘土などで遊ばせると、色の名前を覚えながら、手指の力のトレーニング、想像力を養うことにつながります。「これは緑色だね」など、大人が指さしながら声かけをすることも大事です。

★乗り物のおもちゃをあたえてみるのもいいでしょう。三輪車をはじめ、今はさまざまな乗用玩具が販売されています。早めに自転車に乗れるようになってほしいと考えているなら、ペダルなしの自転車がいいでしょう。補助輪なしの自転車に乗る際に必要なバランス感覚を鍛えることができます。

★おもちゃを買ってみたものの、子どもの反応がイマイチな場合は、ママやパパが遊んでいるところを見せ、大げさに喜んだりしてみても。その様子に子どもは興味を示して、遊び方を理解できることがあります。

産前

0歳

1歳

2歳

3歳

4歳

5歳

2歳にぴったりのおもちゃ

この時期はごっこ遊びをしたり、色を覚えたり、体を使えるおもちゃがおすすめです。

※すべてのおもちゃが必要なわけではありません。この時期にあたえるおもちゃを検討する際の参考にしてください。

時期おすすめ	2歳頃〜		
アイテム	**カラフル粘土・折り紙** 自分でさまざまなものを創作できる粘土・折り紙は遊び方が無限！　長く楽しめます。	**おままごとグッズ** 野菜や果物などを調理している気分になれるおままごとグッズは長く活躍します。	**紐通し** 紐に大きめパーツなどを通す遊びは集中力を鍛えたり指先を器用にしたりするのに◯
選ぶポイント	●口に入れても安全な素材か ●粘土は小さな子どもでもこねやすい硬さか ●粘土板もあると便利	●2歳でもしっかり切ったりできる形状か ●買い足しパーツが豊富か ●スペースがあればままごとキッチンを置くのも◯	●パーツが誤飲の心配のないサイズか ●紐の太さとパーツの穴の大きさが合っているか ●家の中にあるもので代用も

時期おすすめ	2歳頃〜		その他、気になるおもちゃリスト
アイテム	**板パズル** 初めてのパズル遊びは、知育要素の強いものより、子どもが好きな絵柄やキャラのものがおすすめ。	**三輪車・ペダルなし自転車** バランス感覚を養い、補助なし自転車に乗る土台をつくります。	☐ ☐ ☐ ☐ ☐
選ぶポイント	●最初はパーツが10〜20ピースのもの ●正しい絵柄をはめると音がなるものも	●またぎやすく、両足がきちんと地面につくか ●子どもの好みのカラーか ●対象年齢に沿っているか	☐ ☐ ☐ ☐ ☐

年齢別・おもちゃの選び方 〈3 〜 5歳〉

周りの人にも関心が広がる時期。お友達と一緒に遊べるカードゲームなどのおもちゃも人気です。

★3歳ではまだひとり遊びが多いですが、4歳近くになると社会性が育まれ、「お友達と一緒に遊ぶと楽しい」という感覚が芽生えてきます。お友達と一緒にままごと遊びをしたり、電車ごっこ、幼稚園ごっこなどのごっこ遊びが盛んになってきます。

★3〜5歳では着替えや食事など、日常生活もひとりでできることがどんどん増えていきます。同時に思い描いていたようにできないと、イライラしてしまうことも。遊びの途中でも思い通りにいかないといきなりひっくり返してみたりする場面が見られるかもしれません。注意するよりも、子どもの気持ちを聞いて受け止める、抱きしめるなどして「共感」することで落ち着きます。

★4歳半ぐらいになると、簡単なトランプゲームなどカードゲームもできるようになります。トランプの場合、形や色などを覚えることにもつながるので一石二鳥。また、取り札に絵が大きく描かれているかるた遊びなども楽しんでできるようになります。

★この時期に困るのが雨の日の家遊び。体力を持て余してしまうので、スペースがあれば鉄棒やミニトランポリンなどの室内遊具があると体力発散になります。室内遊具がない場合はかくれんぼなどのほか、大人の体をよじ登ってくるっと回転したり、大人の足の上に子どもの足を乗せて歩くなど体を使った遊びをしてみましょう。

産前
0歳
1歳
2歳
3歳
4歳
5歳

3〜5歳頃にぴったりのおもちゃ

この時期もごっこ遊びをしたり、色を覚えたり、体を使えるおもちゃがおすすめです。

※すべてのおもちゃが必要なわけではありません。この時期にあたえるおもちゃを検討する際の参考にしてください。

時期 おすすめ	3歳頃〜		
アイテム	**乗り物・線路のおもちゃ** 乗り物や線路のおもちゃは大人気。自分で動かしたり線路を組み立てたりすることで想像力を養うことができます	**お世話人形** 大人のマネをしてお世話をしたい子におすすめ。いつも一緒にいるうちにおもちゃを大切にする心が育まれます。	**磁石入りのピースをつなげて遊ぶおもちゃ** 磁石でくっつけるおもちゃは、さまざまな立体物をつくれて長く楽しめます。
選ぶポイント	● しっかりした素材で長く使えるもの ● 一度にたくさん買わず、様子を見て買い足す	● 一緒にお風呂に入れるもの、お着替えさせられるものなどさまざまな種類が ● お世話人形用のベビーカーも人気	● 磁石がしっかりくっつくもの ● 磁力が強すぎるものは指を挟むと痛いことも

時期 おすすめ	3歳頃〜	4歳半頃〜	その他、気になるおもちゃリスト
アイテム	**室内遊具** （鉄棒・トランポリン） 室内でも適度に体を動かせて、雨の日にも活躍。	**カードゲーム・かるた遊び** 大人やお友達と一緒に遊ぶことができ、勝負の楽しさが味わえます。	☐ ＿＿＿＿＿ ☐ ＿＿＿＿＿ ☐ ＿＿＿＿＿ ☐ ＿＿＿＿＿ ☐ ＿＿＿＿＿ ☐ ＿＿＿＿＿ ☐ ＿＿＿＿＿ ☐ ＿＿＿＿＿
選ぶポイント	● 家で安全に遊べるスペースを確保できるか ● 使わないときは簡単に折りたためるか	● 子どもでもわかりやすい絵で表示されているか ● 手荒に扱ってもよいしっかりした素材か	☐ ＿＿＿＿＿ ☐ ＿＿＿＿＿

手づくりおもちゃアイデア

身近な材料でつくれて、夢中で遊べる3〜5歳向けの手づくりおもちゃをご紹介！

★手づくりおもちゃのよい点は、お金をかけず子どもの興味に沿ったおもちゃが用意できることです。また、子どもと一緒におもちゃをつくること自体も遊びにつながります。

★手づくりなら、子どもの興味や発達に沿ったおもちゃをつくることができ、「難しくて遊べない……」「遊びが簡単すぎて、すぐに飽きちゃう……」ということが少なくなります。また、3〜5歳になると興味のある分野がはっきりしてくるので、好きな分野のおもちゃには夢中になって遊んでくれます。

★3〜5歳なら、子どもが興味を持って一緒に作業したがることは任せてみましょう。もちろんうまくいかないことも多々ありますが、そこで試行錯誤することで、工夫することを学んだり、失敗しないよう知恵を働かせることにつながります。作業を分担することで、子どもの責任感を養え、できたときの達成感もひとしおです。

★手づくりが苦手なママ・パパは、子どもと一緒に児童館や地域のワークショップに参加するのがおすすめ！　講師や周りの人のサポートを借りることができ、自分では考えつかないようなもののつくり方を習えます。

産前

0歳

1歳

2歳

3歳

4歳

5歳

3～5歳向けの手づくりおもちゃ6選

生き物好きな子に！

おさかなマグネット

ペタペタくっつくおさかなをつくろう！ 家の中のどんなところにくっつけられるか調べてみよう。

材料・道具

- ・色画用紙　　　　　・はさみ
- ・色ペン or 色鉛筆　・テープ
- ・薄いマグネットシート

つくり方

❶ 色画用紙に好きなお魚を描きます。

❷ はさみでカットします。

❸ 裏にテープでマグネットシートを貼り付けます。

材料・道具

- ・250mlの紙コップふたつ（白がひとつあればもうひとつは柄でも OK）
- ・300mlの紙コップひとつ
- ・色ペン or 色鉛筆　・折り紙（装飾用）
- ・はさみ　・テープ

人を笑わせることが好きな子に！

キョロキョロ顔カップ

コップを回すと、笑い顔、おとぼけ顔など、コップの表情がくるくる変化！ コップと同じ表情をみんなでやって誰が一番似ているか勝負しても楽しそう！

つくり方

❶ 250ml の紙コップ①は、目の形をはさみで丸くくり抜きます。くり抜いた目の周りに眉、鼻、口を色ペンで描きます。折り紙などで飾りをつけても OK。

❷ ❶の中に 250ml の紙コップ②（白）を入れ、少しずつ回しながら、目のくり抜きに合わせていろいろな目を描きます。

❸ 300ml の紙コップを❷の内側に重ね、外側をテープでとめます。❶の中に入れ、一番上のカップを回すとくるくる表情が変わります。

同じサイズの紙コップしかない場合は、❷にティッシュなどを詰めてから紙コップを重ね、外側をテープで止めれば同じようにできます。

将来の「虫博士」に！

トイレットペーパー芯で虫づくり

「こんな虫、いたらいいな〜」を叶えます！公園などで木にとまらせてみたりして楽しんじゃおう。

材料・道具

- ・トイレットペーパーの芯
- ・色ペン or 色鉛筆　　・テープ
- ・折り紙 or 色画用紙　・はさみ

つくり方

❶ 折り紙や色画用紙を切り貼りして、好きな虫をつくります。

❷ ❶を裏返し、トイレットペーパーの芯をテープで貼り付けてできあがり。トイレットペーパーの芯の中に指を入れ、虫を動かして遊びます。

材料・道具

- ・割りばし　　　　・アルミホイル
- ・紙コップふたつ　・輪ゴム
- ・スーパーボール　・はさみ、ペン
- ・ガムテープ　　　・落ち葉

サプライズ好きな子に！

落ち葉クラッカー

カップの後ろの球をひっぱると、あらびっくり！ 落ち葉が勢いよく飛び出てきます。

つくり方

❶ 割りばしの先4cmを切ります（はさみで切り込みを入れてから折ると簡単です）。

❷ 4cmの割りばしに輪ゴムを二重のままぐるっと巻き付け、輪の内側から先をひっぱり出します。

❸ 紙コップをふたつ重ねて底に3cm以下の穴を開け、❷の割りばしがコップの中でひっかかるよう輪ゴムを穴に通します。

❹ 輪ゴムの先にガムテープでスーパーボールを外れないようにしっかりつけます。スーパーボールにアルミホイルを巻いて、カップに顔を描きます。

❺ 紙コップに落ち葉を入れ、スーパーボールをひっぱって手を離すと落ち葉が勢いよく飛び出します。

洋服好きなオシャレ派の子に！

着せ替えカード

背景を替えるだけでいろいろな洋服の模様が楽しめます！　新しい着せ替え遊びです。

材料・道具

- ・色画用紙（白）　　・はさみ
- ・ペン

つくり方

❶ 白の画用紙に女の子の絵を描きます。

❷ 洋服の部分だけをはさみで切り抜きます。

❸ 切り抜いた部分にカーテンや壁、木、空などいろいろな背景を当てて洋服の柄を楽しみます。

※女の子の洋服の柄以外にも、リボンやダイヤ、星などの形にくり抜いても遊べます。

材料・道具

- ・台所用スポンジ　　・はさみ
- ・水を入れる容器

お絵かき、スタンプ好きな子に！

ぺたぺた水スタンプ遊び

道路にチョークは気がひけますが、水ならいくら遊んでも跡が残りません。

つくり方

❶ 食器洗い用スポンジをはさみなどで好きな形（丸、三角、四角や、お魚やお花の形など）に切ります。

❷ スポンジを水で濡らして、地面にぺったん。スポンジで好きな絵や文字を描いても楽しいです！

育児に必要なものの準備

▶ 0〜5歳

年齢別・人気のおすすめ絵本

絵本の読み聞かせのメリットはたくさん！ 小さなうちから始めると自然と習慣に。

★読み聞かせをすると、読解力が培われる、親子間の絆が強まるなどさまざまなメリットがあるといわれています。

★読み聞かせでは「本の持っている良さをどう活かすか」が大事です。0〜1歳向けの本などは繰り返しの言葉や音のリズムを大事に読むと興味を持ってくれるでしょう。ストーリー性のある本では、ときには登場人物の声色を変えることで子どもがわかりやすいことも。ただオーバーな読み方がかえってお話の良さを消してしまう場合もあるので、ストーリーを理解して十分楽しめるのであれば静かに読んでみましょう。いずれにしても子どもが好きな本を、反応を見ながら読むのが一番です。

★寝る前は子どもが選んだ本にかかわらず、静かなトーンで読んでみるのもありです。絵本を読むのが楽しい就寝前の儀式になり、安心した眠りにつながるとよいですね。

★大人が疲れているときのために、「お疲れ本」として短めの本や文字が少なめな本をストックしておき、そこから選んでもらうと、無理なく子どもが絵本を読みたい気持ちに応えられます。

0歳の絵本選び

- 視力が未発達なので、絵が大きく描かれているものを選びましょう。
- 鮮やかな色づかいのもののほうが興味を持ってくれます。
- 「ドーン」「チーン」など、擬音語・擬態語中心のものも楽しめます。

ねんねの頃～

『もこ もこもこ』
出版社：文研出版
作：谷川俊太郎／絵：元永定正
なんだかわからない不思議なものがふくれあがってはじける様子に興味津々に。

首すわりの頃～

『しましまぐるぐる』
出版社：学研プラス
絵：柏原晃夫
ビビッドな色づかいと、描かれたユニークな模様にくぎづけに。何度読んでも新鮮な反応が！

おすわりの頃～

『いない いない ばあ』
出版社：童心社
作：松谷みよ子／絵：瀬川康男
赤ちゃんが大好きな「いないいないばあ」が何度も出てくるので、幼児期まで繰り返し読む1冊に。

ハイハイの頃～

『はらぺこあおむし』
出版社：偕成社　作／絵：エリック・カール
訳：もりひさし
あおむしが食べたものが出てくるページにしかけが。色使いも美しい絵本。

All 0歳～

『だるまさん』シリーズ
出版社：ブロンズ新社
作／絵：かがくいひろし
だるまさんのゆかいな動きや格好、表情を楽しめるので、絵本が好きになるきっかけに。

1歳の絵本選び

- 物事への興味が広がります。
- あんよの練習中なら「歩く」をテーマにした絵本に興味を示します。
- 生活習慣が身につく時期なので絵本の力でサポートするといいでしょう。

つかまり立ち・よちよちの頃～

『くつくつあるけ』
出版社：福音館書店
作／絵：林明子
あんよ練習中の赤ちゃんにおすすめ。擬音がたくさん出てきて歩く楽しさを伝えてくれます。

好奇心旺盛な頃～

『コロちゃんはどこ？』
出版社：評論社
作／絵：エリック・ヒル
訳：まつかわまゆみ
フリップをめくると絵が出てくるなど赤ちゃんが楽しめる簡単なしかけが。

食事への興味がある頃～

『おいし～い』
出版社：くもん出版
作：いしづちひろ／絵：くわざわゆうこ
赤ちゃんがおいしそうに食べる音と、最後の「おいし～い」にホッコリ。

生活リズムができ始めた頃～

『おつきさまこんばんは』
出版社：福音館書店
作／絵：林明子
おつきさまの表情を見て喜んだり、悲しんだり、感情を育めます。この本見たさに進んで寝る子も。

All 1歳

『ちいさなうさこちゃん』
出版社：福音館書店
作・絵：ディック・ブルーナ／訳：石井桃子
ディック・ブルーナの代表作。読むだけで赤ちゃんもママも優しい気持ちに。

2歳の絵本選び

- 言葉が増えて少しずつ意思表示ができるようになったら、子どもが参加できる絵本を選びましょう。声に出したり体を動かしたりすることで、言葉や情緒の発達を促します。
- イヤイヤ期を題材にした絵本も○

2歳前半頃～

『ばけばけばけばけ
ばけたくん』
出版社：大日本図書
作／絵：岩田明子
カラフルな色合いにくぎ付け。食べるマネをしながら読めばより楽しめます。

2歳前半頃～

『きんぎょが　にげた』
出版社：福音館書店
作／絵：五味太郎
逃げたきんぎょを見つけたときの喜びはひとしお。思わず夢中になってしまう一冊です。

2歳前半頃～

『いろいろバス』
出版社：大日本図書
作／絵：tupera tupera
カラフルなバスとユニークな乗客が印象的で、色を覚えるのにもぴったり。

2歳の終わり頃～

『おおきなかぶ』
出版社：福音館書店　作：A・トルストイ
絵：佐藤 忠良
訳：内田 莉莎子

誰もが知っているロシアの昔話。かぶを抜く動作を楽しもう。

ALL 2歳

『いやだいやだ』
出版社：福音館書店
作／絵：せなけいこ
身近なものがイヤイヤしたらどうする？　自分の行動を考えるきっかけに最適。

3歳の絵本選び

- 言葉が豊かになって、心身が成長する時期。好奇心も強く文章が多い絵本も楽しめます。
- お友達との交流も増えるので、人との関わり方などを絵本から学んでいけるとよいでしょう。

3歳前半頃～

『ぐりとぐら』
出版社：福音館書店　作：中川李枝子／絵：大村百合子
世代を超えて愛される超ロングセラー。わかりやすい絵と文章が、子どもの想像力をかき立てます。

3歳前半頃～

『100かいだてのいえ』
出版社：偕成社
作／絵：いわいとしお
縦に開く迫力満点の絵本。1階ずつ丁寧に部屋が描かれていて、興味をそそられます。

3歳後半頃～

『どうぞのいす』
出版社：ひさかたチャイルド
作：香山美子／絵：柿本幸造
「どうぞ」の言葉にある優しさを表現している絵本。思いやりの心を育みます。

3歳後半頃～

『そらまめくんのベッド』
出版社：福音館書店　作／絵：なかやみわ

大切なものほど誰かに貸すのは難しい。そんな気持ちに寄り添いつつ、共有する喜びを教えてくれます。

All 3歳

『ちょっとだけ』
出版社：福音館書店
作：瀧村有子／絵：鈴木永子
ちょっとだけお姉ちゃんになろうとする姿が愛らしい作品。思わず涙するママやパパも多いとか。

4歳の絵本選び

- 相手の気持ちがわかるようになり、想像力が豊かになっていきます。「楽しい」「怖い」などの気持ちにより共感できるため、ストーリー性がある絵本も楽しめます。
- 言葉だけでは伝えきれないさまざまな感情を、絵本を通して学びましょう。

自分でやりたい！　が増える頃～

『はじめてのおつかい』

出版社：福音館書店　作／筒井頼子／絵：林明子

主人公の緊張がダイレクトに伝わります。自分でやりたい子どもの気持ちにこたえる一冊。

仲間意識が芽生える頃～

『くれよんのくろくん』

出版社：童心社　作／絵：なかやみわ

仲間外れをされる切なさ、ごめんねと伝える大切さなど、子どもが身近に感じる感情がつまっています。

好奇心が強くなる頃～

『めっきらもっきら　どおんどん』

出版社：福音館書店　作：長谷川摂子／絵：ふりやなな

少し怖いけど興味がわくファンタジーの世界。わくわくすること間違いなし！

好きなものを伝えられるようになる頃～

『からすのパンやさん』

出版社：偕成社　作／絵：かこさとし

思いもよらないユニークなパンたちが魅力的。「どのパンが好き？」と親子の会話も弾みます。

All 4歳

『ちいさいおうち』

出版社：岩波書店　作・絵：バージニア・リー・バートン／訳：石井桃子

時の流れを表現した絵本。懐かしさや切なさをわかりやすく伝える一冊です。

5歳の絵本選び

- 自分で考え行動できるようになる時期なので、子どもの好みに合わせた絵本選びが大切です。「好き」や「気になる」気持ちを大切にしつつ、子どもの世界を広げていきましょう。
- 文字の読み書きにも興味を持ち始めたら、言葉遊びができる絵本もおすすめです。

お話好きな子におすすめ

『りゅうがあります』

出版社：PHP研究所　作／絵：ヨシタケシンスケ

やめない貧乏ゆすりや鼻ほじりには理由があった！　ユニークな回答で大笑いできる絵本。

言葉遊びが好きな子におすすめ

『これはのみのぴこ』

出版社：サンリード　作：谷川俊太郎／絵：和田誠

読んでいるほうも聞いているほうも笑わずにはいられません。何度も言葉遊びをしたくなります。

なぞなぞ好きな子におすすめ

『なぞなぞのみせ』

出版社：偕成社　作：石津ちひろ／絵：なかざわくみこ

お店の様子が細かく描かれ、大人も夢中になれる絵本。親子揃って楽しめます。

お手紙が好きな子におすすめ

『きょうはなんのひ？』

出版社：福音館書店　作：瀬田貞二／絵：林明子

親子の交流が温かく描かれ、読んだあとはママやパパもほっこり。

All 5歳

『ずーっと　ずっと　だいすきだよ』

出版社：評論社　作・絵：ハンス・ウィルヘルム　訳：久山太市

愛するものとの別れを優しく教えてくれる名作。

子どもを守る防災準備
〈0 〜 1 歳〉

万一の際に慌てず必要なものを持ち出すための、非常用持ち出しリュックのつくり方。

産前

0
歳

1
歳

2
歳

3
歳

4
歳

5
歳

★万一の際、慌てずに行動するために、災害が発生する前から準備をしておきましょう。備えることが命を守ることにつながります。

【防災のポイント（全年齢共通）】

1：自宅、保育園・幼稚園周辺のハザードマップを見て災害のリスクを確認。ハザードマップは地震用と水害用とあるので、両方をチェック。

2：近隣の避難場所の確認。できれば平常時に一度子どもを連れてマザーズバッグを持って歩いてみる。

3：家族バラバラの場所で被災し、連絡が取れないときのことを考え、「連絡が取れないときは〇〇に集まる」など集合場所を決める。

4：災害伝言ダイヤル、LINE など災害時の連絡手段を考えておき、家族全員（祖父母も含め）使えるか事前にチェック。

★災害時に赤ちゃんと一緒に外に避難する際の「非常用持ち出しリュック」を右のグッズリストを参考に準備しておきましょう。

★引っ越したばかりで知り合いの少ない地域なら、地域のお祭りや町内会の防災訓練、ボランティアなどに積極的に参加を！ 知り合いをつくって顔を知ってもらい、赤ちゃん連れで避難所生活をすることになったときにサポートし合える関係性をつくりましょう。

0〜1歳の子どもがいる家庭の 非常用持ち出し品リスト

赤ちゃんのものはいつものマザーズバッグに2日程度の旅行グッズを追加するイメージで準備しましょう。
赤ちゃんはおむつや服のサイズがすぐ変わるので、最低でも半年に一度の点検・入れ替えを。

非常用持ち出しリュックに入れておくもの

最低限必要なもの（赤ちゃんのもの）

【大切なもの（子ども）】
- ☐ 母子手帳
- ☐ 健康保険証
- ☐ お薬手帳
- ☐ 乳幼児医療証
- ☐ 常用薬（あれば）

※点線内は非常用バッグに入れず常に携帯しています。コピーをとって非常用バッグに入れておくのもおすすめです。

【3日分準備するもの】
- ☐ おむつセット
  （おむつ・おしりふき・防臭袋・おむつ替えシート）
- ☐ 着替えセット
  （肌着・上下服・靴下・スタイ）
- ☐ ミルクセット
  （液体ミルク・哺乳瓶）
- ☐ 紙コップ
  ※哺乳瓶が消毒できないときに代用できる
- ☐ ベビーフード・おやつ
- ☐ 使い捨てスプーン・フォーク・食事エプロン

【生活用品】
- ☐ 授乳ケープ
- ☐ 手拭き・口拭き用ウエットティッシュ
- ☐ 除菌シート
- ☐ ガーゼ・ハンカチ
- ☐ ティッシュ
- ☐ ブランケット
  （バスタオルでも）
- ☐ タオル
- ☐ 好きなおもちゃ・絵本
  （音が気にならないもの）

＋

【身を守るもの】
- ■ 懐中電灯・ヘッドライト
  ※子連れ避難では両手を塞がないヘッドライトが便利
- ■ 防災頭巾・ヘルメット
- ■ 笛
- ☐ 軍手

【情報収集用】
- ■ 携帯ラジオ
- ■ 乾電池
- ☐ 携帯電話の充電器（乾電池式）・モバイルバッテリー
- ☐ 避難マップ
- ☐ 筆記用具
  ※油性マジックがあると便利

【道具類】
- ☐ はさみ
- ☐ ガムテープ

※■は特に必要性の高いものです。

【大切なもの（家族）】
- ■ 通帳・印鑑
- ■ 免許証・保険証のコピー
- ■ 現金 ※小銭があるとよい
- ☐ 家族のカラープリント写真

【飲食物】
- ■ 水（500㎖のペットボトル）
  ※飲料用だけなら1日1〜2ℓが目安
- ■ 食品（1泊2日分ほど）
  ※そのまま食べられるもの

【大人の生活用品】
- ■ 下着の替え（1泊2日分ほど）
- ■ 生理用品・サニタリーショーツ
- ☐ 服の替え（1泊2日分ほど）
- ☐ 予備のメガネ
- ☐ 保湿クリーム
  ※赤ちゃん使用OKの全身に使えるものが便利
- ☐ ヘアゴム

【防寒】
- ☐ 使い捨てカイロ
- ☐ ストール
- ☐ 非常用ブランケット

【救急・衛生】
- ■ 常用薬（あれば）
- ■ 薬（胃腸薬・頭痛薬・風邪薬など）
- ■ 消毒液・絆創膏
- ■ マスク
- ■ 消毒用ハンドジェル（スプレー）
- ■ タオル
- ■ ゴミ袋・ビニール袋
- ☐ 歯ブラシ（大人・子ども）
- ☐ ドライシャンプー
- ☐ 固形石けん
- ■ 携帯トイレ
- ☐ トイレットペーパー
- ☐ ジッパー付きビニール袋
- ☐ 食品包装用ラップ
- ☐ スリッパ
  ※室内のケガ防止や防寒に

【あると便利】
- ■ 雨具
- ■ レジャーシート
- ☐ 新聞紙
- ☐ 軽量の折りたたみテント
- ☐ フタつきのゴミ箱

すぐ持ち出せるようにしておきたいもの

- ☐ 貯金通帳・印鑑
  （非常用リュックに入れない場合）
- ☐ 免許証
- ☐ 健康保険証（大人）
- ☐ お薬手帳
- ☐ 年金手帳
- ☐ 携帯電話
- ☐ 抱っこ紐

★家に備蓄するものはp215をチェック！

子どもを守る防災準備〈2〜5歳〉

幼児のいるファミリーの防災対策で気をつけたいこと、非常用持ち出しリュックの中身を確認しましょう。

産前

0歳

1歳

2歳

3歳

4歳

5歳

★幼児になるとひとりで歩けるので、非常用持ち出しリュックは「ひとりにひとつ」準備をしてください。万が一自宅から避難先へ行く途中で大人とはぐれてしまっても、連絡先を入れた防災リュックを持っていれば、親と合流できる可能性が高くなります。

★普段から子どもに近所の人へのあいさつはきちんとするように伝えましょう。顔を知ってもらうと、避難所で生活することになった際、自宅から避難する際に助け合いやすくなります。

★はぐれたときの対策として、「困ったらコンビニへ行く」ように子どもに教えましょう。すべてではありませんが、コンビニは「災害時帰宅支援ステーション」になっているところが多いので、水やトイレの提供を受けられる可能性があります。また、屋外に公衆電話が設置されているところも多いので、そこからママやパパに連絡を取ることが可能です。

コンビニエンスストア、ファミリーレストランなど

目印はこのマーク！

ガソリンスタンド（東京都）

★日中親と一緒に過ごしている子もいれば、保育園・幼稚園などに通っている子も多いでしょう。年度始めや防災訓練時に各園の災害時の対応と引き渡しマニュアルを確認し、わからないことは聞いておきましょう。

2〜5歳の子どもがいる家庭の 非常用持ち出し品リスト

子どもは服のサイズが変わるので、半年に一度点検・入れ替えを。

非常用持ち出しリュック〈大人用〉に入れておくもの

【大切なもの（子ども）】
- ☐ 母子手帳
- ☐ 健康保険証
- ☐ お薬手帳
- ☐ 乳幼児医療証
- ☐ 常用薬（あれば）

※点線内は非常用バッグに入れず常に携帯しています。コピーをとって非常用バッグに入れておくのもおすすめです。

【子どもの生活用品】
- ■ おむつセット2日分〜
  （おむつ・おしりふき・防臭袋・おむつ替えシート）
  ※必要な年齢まで
- ■ 着替えセット2日分
  （肌着・上下服・靴下）
- ■ おやつ2日分
- ■ 使い捨てスプーン・フォーク・食事エプロン
- ■ 手拭き・口拭き用ウエットティッシュ
- ■ 好きなおもちゃ・絵本

【身を守るもの】
- ■ 懐中電灯・ヘッドライト
  ※子連れ避難では両手を塞がないヘッドライトが便利
- ■ 防災頭巾・ヘルメット
- ■ 笛
- ☐ 軍手

【情報収集用】
- ■ 携帯ラジオ
- ■ 乾電池
- ■ 携帯電話の充電器（乾電池）・モバイルバッテリー
- ☐ 避難マップ
- ☐ 筆記用具
  ※油性マジックがあると便利

【道具類】
- ☐ はさみ
- ☐ ガムテープ

【大切なもの（家族）】
- ■ 通帳・印鑑
- ■ 免許証・保険証のコピー
- ■ 現金 ※小銭があるとよい
- ☐ 家族のカラープリント写真

【飲食物】
- ■ 水（500mlのペットボトル）
  ※飲料用だけなら1日1〜2ℓが目安
- ■ 食品（1泊2日分ほど）
  ※そのまま食べられるもの

【大人の生活用品】
- ■ 下着の替え（1泊2日分ほど）
- ■ 生理用品・サニタリーショーツ
- ■ 服の替え（1泊2日分ほど）
- ☐ 予備のメガネ
- ☐ 保湿クリーム
  ※子ども使用OKの全身に使えるものが便利
- ☐ ヘアゴム

【防寒】
- ☐ 使い捨てカイロ
- ☐ ストール
- ☐ 非常用ブランケット

【救急・衛生】
- ■ 常用薬（あれば）
- ■ 薬（胃腸薬・頭痛薬・風邪薬など）
- ■ 消毒液・絆創膏
- ■ マスク
- ■ 消毒用ハンドジェル（スプレー）
- ■ 除菌シート
- ■ タオル
- ■ ハンカチ
- ■ ティッシュ
- ■ ゴミ袋・ビニール袋
- ☐ 歯ブラシ（大人・子ども）
- ☐ ドライシャンプー
- ☐ 固形石けん
- ■ 携帯トイレ
- ☐ トイレットペーパー
- ☐ ジッパー付きビニール袋
- ☐ 食品包装用ラップ
- ☐ スリッパ
  ※室内のケガ防止や防寒に

【あると便利】
- ■ 雨具
- ■ レジャーシート
- ☐ 新聞紙
- ☐ 軽量の折りたたみテント
- ☐ フタつきのゴミ箱

非常用持ち出しリュック〈子ども用〉に入れておくもの

- ■ パーソナルカード
  （家族の連絡先・住所を記入し、写真を貼るなどしたもの）
- ■ 笛（ふく練習をしておく）
- ■ 飲み物
- ■ おやつ
- ■ おむつセット1日分
  ※必要な年齢まで
- ☐ 着替え1〜2組
- ■ 好きなおもちゃ
- ■ マスク
- ■ 小銭
- ☐ レインコート（兼防寒具）

すぐ持ち出せるようにしておきたいもの

- ☐ 貯金通帳・印鑑
  （非常用リュックに入れない場合）
- ☐ 免許証
- ☐ 健康保険証（大人）
- ☐ お薬手帳
- ☐ 年金手帳
- ☐ 携帯電話

★家に備蓄するものはp215をチェック！　　　　　　※■は特に必要性の高いものです。

子どもを守る防災準備
〈家の備蓄品〉

非常用持ち出しリュック以外に、備蓄品も準備しておきましょう。赤ちゃんのいる家庭では水・おむつ・ミルク・ベビーフードが必須！

★地震が起きた直後は物流が滞り、生活用品が手に入りにくくなることが考えられます。東日本大震災ではスーパーなどに長蛇の列ができたといわれています。もしもに備えて最低でも3日分、できれば7日分の飲食物・生活用品の備蓄を心がけましょう。

★赤ちゃんがいる家庭では、特に水・おむつ・おしりふき・ミルク・ベビーフードの備蓄が欠かせません。ミルクはお湯で溶かす必要のない液体ミルクが災害時に役立ちます。飲み慣れていないといざというときに飲んでくれない可能性があるので、普段から時々あたえましょう（そのときに賞味期限もチェック）。

★大人・幼児の非常食は加熱なしで食べられる缶詰やレトルト食品、レトルトご飯などを中心に、ミネラル・ビタミンを補える野菜ジュース、栄養補助食品、子どものおやつなどを組み合わせて買い置きしておきましょう。チョコレートやインスタントコーヒーなどの嗜好品も災害時にあると心が休まるといわれています。電気・ガスが止まる事態に備えカセットコンロ・ガスボンベも必需品です。また、水はひとり1日3リットルが目安です。

★蓄えておくというよりは、いつも少し多めにストックしておいて使ったら都度買い足す「ローリングストック」がおすすめです。賞味期限切れや子ども服のサイズアウトを防ぐことができます。

産前

0歳

1歳

2歳

3歳

4歳

5歳

小さな子どもがいる家庭の備蓄品リスト

※●は特に必要性の高いものです。

区分	もの	数量例	ポイント
子ども用	●おむつ・防臭袋	各70枚〜	おむつは常に1パックの予備を切らさない
	●おしりふき	2〜3パック	ウエットティッシュの代わりにもなる
	●液体ミルク・粉ミルク	3〜7日分	災害時はお湯が必要ない液体ミルクが便利
	●使い捨て哺乳瓶・紙コップ	3〜7日分	災害時は哺乳瓶の消毒が難しい
	●ベビーフード・おやつ	3〜7日分	アレルギーがある場合は対応のものを
照明、情報収集	●懐中電灯・ランタン	各1〜2個	停電時に使う。懐中電灯はひとつ枕元に置いておく
	●ラジオ	1個	手回し充電式のもの
	●携帯電話の予備バッテリー、乾電池で使える充電器	計3個	災害用伝言ダイヤルなどを使うため多めに備える
	●乾電池	30本〜	ライト・ラジオ・携帯電話充電用に
	○蓄電池・ソーラーパネル	1式	停電が長期化したときに役立つ
道具類	●ライター	1個	火をつけるのが簡単な点火棒が便利
	●軍手	3組	ガラスが割れたときなどに手を守る
調理	●カセットコンロ・ガスボンベ	1台／6本	電気やガスが止まったときの必需品
	○使い捨て食器（紙皿、紙コップ、割り箸）	3日分〜	食器洗いができないときに役立つ
食料	●普段消費する食品を少し多めに（米、調味料、冷凍食品、卵、乳製品、野菜、魚、肉など）	2〜3日分	調味料は常に一式切らさない
	●保存できる主食	（例）無洗米5kg、レトルトご飯6個、乾麺1パック、即席麺3個、もち1パック	
	●レトルト食品（カレー・パスタソース・スープ類など）	9パック〜	おかずになるものを中心に
	●缶詰（魚介類、肉類、野菜・きのこ類、果物など）	各1缶〜	缶切り不要タイプが便利
	●乾燥食品（切干し大根、しいたけ、高野豆腐、ひじき、わかめなど）	各1パック	保存期間が長く栄養価が高い
	●野菜ジュース	9本	ミネラルやビタミンを補える。夏は経口補水液も備えるとよい
	●栄養補助食品・菓子・嗜好飲料（チョコレート、飴、インスタントコーヒーなど）	各1袋〜	賞味期限が長く気持ちがなごむものがあるとよい
水	●飲料水（ひとり1日3ℓが目安）	2ℓ×18本〜	飲料用としてひとり1日1〜2ℓ、調理用を含めるとひとり1日3ℓが必要
	●生活用水	できれば150ℓほど	トイレや洗濯に使う。お風呂にお湯をはっておいて活用する方法も
生活用品	●トイレットペーパー	12ロール	普段からストックしておく
	●簡易トイレ	30回分ほど（複数回使用）	トイレが流せなくなったときに
	●生理用品	約60個	普段から1周期分ストックしておく
	●ティッシュペーパー	5パック入り×5個	普段からストックしておく
	●ビニール袋（食品用）、ゴミ袋	各30枚	ビニール袋の中に食材を入れ、鍋に沸かした湯に入れて調理すると鍋が汚れない
	●食品包装用ラップ	1本	食器にかけて汚れを防止するなど
	●使い捨てマスク・使い捨てカイロ	各10枚〜	カイロは赤ちゃんのミルクを温めることもできる
救急・衛生	●常用薬・常備薬	各1箱〜	常備薬は胃腸薬、頭痛薬、風邪薬など
	●救急セット（消毒薬、脱脂綿、ガーゼ、絆創膏など）	1セット	ガラスが割れてケガをする可能性などに備える
	●除菌ウエットティッシュ・使い捨て手袋	1箱（約100枚）	手を洗えないときに清潔を保てる

※上記リストの数量は大人3人と0歳児1人の4人家族を想定したものです。リストを参考にしながら、各ご家庭に必要なもの・量を揃えましょう。
※p214〜215の参考：広島市防災情報サイト、東京都発行「東京防災」、農林水産省HP ほか（左を参考に独自の内容を追加し、編集を加えました）

知っておきたい地震のこと

　日本は地質的に地震が起こりやすい国です。東日本大震災や熊本地震が記憶に新しい人も多いのではないでしょうか。もし地震が起こったとき、自分たちと子どもの命を守る準備はできているでしょうか？

　非常用持ち出しリュックと備蓄品についての詳細は P210 ～ 215で紹介していますが、そのほかに家の中を安全な空間にしておくことも大切です。家族で協力して、下記のことを行いましょう。

☐ 住宅の耐震診断を受け、必要があれば補強をする
☐ 大きな家具は転倒防止グッズで固定する
☐ 食器棚などの扉が開かないように固定する
☐ 窓ガラスの飛散防止措置をする
☐ 窓ガラスの近くに家具や植木鉢を置かない
☐ 家具が倒れたり電気が落ちたりしても安全な位置にベッドや布団を置く
☐ 枕元に懐中電灯やスリッパ（靴）を置いておく
☐ 部屋の出入り口付近に大きな家具を置かない
☐ 消火器の設置場所と使い方をチェックする

　大切なのは、「いざというときに身の安全を守れること」と、「避難経路を確保できること」です。この2点を頭において、家具などの配置を考えましょう。

第 **6** 章

育児で検討が
必要なこと

子育ては目の前のことを
こなすだけではなく、
長期的な計画をしたり、
大きな方針を考える必要も。

　この章では、「ライフプラン」「お金の計画」「子育ての方針」「家事の分担」
など、目の前の育児に直接かかわるわけではないけれど、長期的に見てとても
大事な項目を集めました。子どもが寝た後やお昼寝している時間を使って、家
族の計画や育児の方針についてじっくりと話し合ってみましょう。

　また、この章では夫婦の家事分担や、家事の負担を減らすためのサービスな
どもご紹介しています。育児と家事はセットで考え、家族の中で誰かに負担が
かかりすぎていないかは常に見直したいポイントです。まずは誰がどのくらい
の家事を担当しているのか見える化することが大事なので、P227の家事分担
表を活用して必要な家事をすべて挙げ、担当している人ごとに項目を丸つけし
てみましょう。

すぐ知りたいことはなんですか？

↓

家族で
方針を決めること

↓

ライフプラン
▶ P220へ

お金の計画
▶ P222へ

子育ての方針
▶ P224へ

祖父母との
コミュニケーション
▶ P230へ

↓

家事

↓

夫婦の分担
▶ P226へ

時短・外部
サービス
▶ P228へ

↓

写真の整理
▶ P232へ

育児で検討が必要なこと

▶ 0〜5歳

家族のライフプランを立てる

どんなふうに子どもを育てていきたいのか、子育ての後はどう過ごしたいのか、家族で話し合ってみましょう。

産前

0歳

1歳

2歳

3歳

4歳

5歳

★子どもが生まれると、住む場所や保育園・幼稚園選び、保険やお金の計画、次の子を希望するかなど、新たに検討したいことがいろいろと出てきます。後々夫婦間の意識に大きなズレが出ないように、赤ちゃんのお世話に慣れてきた頃から家族のライフプランについて話し合うのがおすすめです。

★計画通りに行かないことも多いものですが、焦らずそのときどきで考えれば大丈夫。家族で話し合う、ということが一番です。

★子どもを何人・何歳差で希望するかについても、夫婦で話し合いたいことです。子育てを一気に終わらせたい、子ども同士で遊んでほしい場合は1〜2歳差、上の子の子育てが少し落ち着いてから授かりたい、経済的負担が一度に来るのは避けたいなどの場合は4〜5歳差など、お互いの希望を確かめてみましょう。子どもは授かりものなので、第一子が自然妊娠でも、第二子は不妊治療が必要になるという場合もあります。その場合には期間やお金のことも相談しておけると安心ですね。

わが家のライフプラン検討リスト

これから10年間のライフプラン表

年	年齢				予定・イベント	予算（万円）
例 2021年	母33歳	父35歳	長女2歳	次女0歳	母復職、保育園入園	70

保険はどうする？
（例：大人の生命保険・子どもの個人賠償責任保険など）

子どもにどんな教育を受けさせたい？

保育園・幼稚園：

小学校：

中学校：

高校：

大学：

住む家はどうする？
（例：持ち家、これから買う、住み替える、ずっと賃貸でいくなど）

住む地域はどうする？
（例：今の街に住み続ける、転居を考えるなど）

子どもを何人、何歳差で希望する？

子育てが落ち着いたらやりたいこと

▶ 0〜5歳

子どもと家族の
お金の計画

高校までは教育費等を生活しながら捻出できても、大学はまとまった金額が必要。計画性が大切です。

★子どもの教育費は小学校から大学まですべて公立に通うと約730万円、すべて私立に通うと約2,200万円かかるとされています（参考：文部科学省「平成30年度子供の学習費調査」）。さらに大学などで下宿する場合は年間100〜150万円ほどの仕送りのほか、準備費用も必要です。

★学校の選択によって出費は大きく変動します。将来の子どもの選択肢をできるだけ広げるためにも、早くから積立を始めましょう。誕生から大学入学まで19年間とすると、500万円（目安）貯めるのに年間約26万円の貯金が必要です。

★家族のお金の使い方を見直し、効率的に貯めるために、ファイナンシャルプランナーに相談するのはひとつの手です。保険や国の制度活用に加え、家計全体から見た貯蓄金額の割合なども算出してくれます。また学資保険や積立型の投資なども検討しても。

★親の負担を減らす国の制度も増えています。2019年からは3〜5歳クラスの幼稚園、保育園、認定こども園の利用料が無償になりました（※認可外保育園は月額3.7万円まで、対象外の幼稚園は月額2.57万円まで無償）。2020年には高校無償化（高等学校等就学支援金制度）の対象が広がりました。また大学・専門学校への進学には奨学金制度もあります。ただし貸与型は無理のない返済計画も併せて考える必要があります。

子どもにかかるお金の積立計画表

▶ 教育費のシミュレーションをしよう
　　　ちゃんの教育費予定表

年までに　　　万円用意したい
Ⓐ

	時期	年	保育・教育費（万円）	その他大きな出費予定（万円）
例	○○○	2021 〜 2022	36	初節句 10、七五三 8
	保育園			
	幼稚園			
	小学校			
	中学校			
	高　校			
	大　学			

〈教育費の目安〉

区分	年数（年）	公立（万円）	私立（万円）
保育園（0〜2歳児クラス）	3	※認可：所得により月額 0〜7 万円と幅あり／無認可：園によるが、月額 5〜7 万円程度が目安	
保育園（3〜5歳児クラス）	3	※原則として無料（通園送迎費、給食費、行事費等は保護者負担。認可外保育園は月額 3.7 万円まで無料）	
幼稚園	2〜3	※原則として無料（通園送迎費、給食費、行事費等は保護者負担。制度の対象外の園は月額 2.57 万円まで無料。預かり保育は最大月額 1.13 万円まで無料）	
小学校	6	192	959
中学校	3	146	421
高校	3	137	290
大学	4	258	544

※参考：小学校〜高校／文部科学省「平成 30 年度子供の学習費調査」（学校教育費、給食費、学校外活動費を含む費用を掲載）
　　　　大学／独立行政法人日本学生支援機構「平成 30 年度学生生活調査」より一部改変して掲載

▶ 現在の貯金のうち教育費に使える額

　　　　　万円
　　　Ⓑ

▶ 学資保険はどうする？

▶ 積立計画

年間目標　（ Ⓐ − Ⓑ ） ÷ 　　　　年
　　　　　　　　　　　　（教育費を貯める年数）
　　　　　　＝ 　　　　万円／年

預金（定期預金、財形など）： 毎月　　　　　万円
　　　　　　　　　　　　　　ボーナス月　　　　　万円
　　　　　　　　　　　　　　or 年間で　　　　　万円

学資保険：年　　　　万円
児童手当：年　　　　万円
投信積立など：年　　　　万円

年に総額　　　　　円貯金する

Mini Column　みんなの体験談！

子どもが多い家庭の やりくり事情は？

「子どもが 3 人おり、毎年一定額、今年は長子で翌年は第二子というふうに順番に教育資金を貯めています。銀行取引と証券取引を同じグループ会社で行うと、預金の金利が 100 倍に上がるというサービスを見つけ、子ども用の貯蓄を銀行で、老後用の投資を証券で始めました。このサービスを利用している人は同グループのショッピングサイトで買い物をするとポイントが数倍高くつき、お得感があります」　　　　　　　　　（3 児ママ）

▶ 0〜5歳

夫婦で共有したい 子育ての方針

子どもにはどんなふうに育ってほしい？　夫婦の子育ての方針を話し合いましょう。

★子どもは親の思い通りにするものではありませんが、夫婦で子育ての方針を話し合ったり、子どもの性質について共有しておくことは、子育てをしていく中で助けとなります。

★子育ての方針については、たとえば「ものごとを最後までやり遂げる子になってほしい」「クリエイティブな能力を伸ばしてあげたい」「自然にたくさん触れさせたい」「健康な体づくりをしてあげたい」など、子どもがよい人生を送るために必要だと思うことを夫婦で話し合ってみましょう。

★国内外で子どもの心身を豊かに育てるための方法が研究されています。育児に関する最新情報に触れ、選択肢を増やすのもひとつ。目の前の子どもの行動や気持ちに寄り添いながら役立てていきましょう。

★親の接し方として「過干渉」「親の夢を託す」「周りと比較する」「否定的な言葉を使う」「親の感情の起伏が激しい」などは子どもの成長にとって望ましくないとされています。神経質になる必要はありませんが、頭の隅で意識しておけるといいですね。

わが家の子育ての方針表

☐ 子育てで大事にしたいこと

例：たくさん自然に触れて情緒豊かに育ってほしい　…など

☐ 子どもの性質

例：自分のペースでものごとを進める　…など

☐ 子どもの好きなこと・得意なこと

例：虫をじっくり観察するのが好き　…など

☐ 親が気をつけたいこと

例：結果を褒めるのではなく、プロセスを褒める（子どもの自己肯定感につなげる）　…など

▶ 0〜5歳

夫婦の家事分担を考える

1日で平均2時間50分も差がある夫婦の家事分担。お互いに不満なく暮らせるように考えてみましょう。

★6歳未満の子どもがいる家庭の妻側の1日の平均家事時間は3時間7分であるのに対し、夫側の平均家事時間はなんと17分です（2018年の総務省の「社会生活基本調査」による）。20年前と比較すると男女の家事時間の差は少しずつ縮まってきていますが、まだまだ妻側のほうが家事の負担が大きいのが現状です。

★夫婦の家事分担は、「お互いに納得しているどうか」「夫婦で休息時間が同じくらいになっているか」などのポイントで考えましょう。上の調査では平均的な仕事時間については妻より夫のほうが圧倒的に長い結果が出ており、一概に家事時間を折半すればよいというわけでもないのです。また、任せた家事についてはお互いに口を出さないのも大切です。

★夫婦の家事時間に大きな開きがあるのは「見えない家事」と呼ばれる「献立を考える」「ゴミを分別して集める」などの家事時間が長いからとも指摘されています。細かな家事も見える化し、生活を営むための家事すべてを一度棚卸しして夫婦で確認してみましょう。

Mini Column みんなの体験談！

家事分担の不満どうしてる？

「私の家事育児の負担が大きすぎることに不満が爆発し、やっていることすべてを紙に書き出して夫に見せながら訴えました。その後夫の家事育児参加率が飛躍的にアップ」

（3姉妹ママ）

わが家の家事分担表

毎日の家事

例） 朝食準備　○

	家事	担当者
朝の家事	□カーテンの開け閉め	
	□布団をしまう	
	□窓を開けて換気	
	□乾いた食器を戻す	
朝食	□朝食準備	
	□食器洗い	
	□テーブル拭き	
洗濯	□洗濯機をまわす	
	□洗濯物を干す	
	□洗濯物の片付け	
夕食	□献立を考える	
	□ご飯を炊く	
	□夕食準備	
	□食器洗い	
	□テーブル拭き	
	□生ゴミの処理	
	□余ったご飯の冷凍	
風呂	□お風呂を入れる	
その他	□	
	□	
	□	
	□	
	□	
	□	
	□	

高～中頻度の家事

例） 布団を干す　週1　○　○

	家事	頻度	担当者
夏	□お茶づくり		
昼食	□昼食準備		
	□食器洗い		
	□テーブル拭き		
掃除	□掃除機がけ		
	□トイレ		
	□お風呂		
	□お風呂の排水口		
	□洗面所		
	□シンク		
	□シンクの排水口		
	□コンロ・五徳		
	□部屋の片づけ		
買い物	□食材の買い出し		
	□宅配食材の手配		
	□日用品の補充		
	□電化製品選び		
ゴミ出し	□ゴミ集め		
	□ゴミ出し		
	□ゴミ袋のセット		
	□ゴミの分類		
	□資源ゴミのまとめ		
寝具	□布団を干す		
	□シーツ類の洗濯		
家族	□園や学校の提出物		
	□家族の予定の調整		
その他	□		
	□		

低頻度の家事

例） クリーニング　年2　○

	家事	頻度	担当者
季節ごと	□カレンダー掛け替え		
	□衣替え		
	□クリーニングに出す		
	□クリーニング受け取り		
	□季節の飾りを出す		
	□季節家電を出す		
	□季節家電の手入れ		
メンテナンス	□靴の手入れ		
	□おもちゃの手入れ		
	□布団の洗濯		
	□玄関掃除		
	□庭の手入れ		
整理	□調味料の整理		
	□乾物の整理		
	□家族のものの整理		
	□不用品の処分		
大掃除	□カーテンの洗濯		
	□窓・サッシ拭き		
	□ベランダ		
	□換気扇		
	□家電		
	□冷蔵庫		
	□ゴミ箱		
	□洗濯機		
	□ラグマット下		
	□防災準備		
その他	□		
	□		

家事の時短化・家事育児の支援サービス

家事・育児は外部のサービスや行政の支援に頼ってもOK！　家族が笑顔で健やかに暮らせるのが一番です。

産前
0歳
1歳
2歳
3歳
4歳
5歳

★余裕がないとき、大人の体調が万全ではないときなどは、家事・育児の支援サービスに頼ることも考えてみましょう。「自分たちでやらなければ」と思い込まず、利用できるサービスはできるだけ利用して。子どもを数時間プロに見てもらって家事や自分の時間にあてるだけでも、心がぐっと軽くなったりします。

★家事負担を軽くするために、まずは時短家電の導入を考えてみてもいいですね。今はロボット掃除機、乾燥機つき洗濯機、食器洗浄機が特に人気が高く、ほかに料理の手間を減らす電気調理鍋などもあります。

★保育サービスでは、行政が一時保育や病児保育、ファミリーサポート制度などを行っています。いずれも事前に会員情報を登録しなければならない場合がほとんどなので、ご家庭の事情に合わせて頼りたいサービスを見つけて登録をしておきましょう。行政のサービスがマッチしないときは、利用料は比較的高くなりますが民間のベビーシッターも探してみましょう。

★最近では家事代行などの家事支援サービスを提供する会社が増えているので、利用できるサービスを調べてみても。利用料が高く感じたり、家に人が入ることに抵抗感がある人は宅配サービスなど家事負担を減らす他の方法を考えてみましょう。

家事の時短アイデア・家事育児の支援サービス一覧

▶ 家事・育児で大変なことを棚卸し

※つらく感じる家事、育児で誰かに頼りたい場面を書き出してみましょう。

▶ 家事を時短にしてくれるもの

［時短家電］

※毎日の家事負担を減らしてくれる家電の一例です。

- ●ロボット掃除機：自動で掃除機をかけてくれる。
- ●コードレス掃除機：コードをつなぐ必要がない。
- ●乾燥機能付き全自動洗濯機：洗濯物を干す手間が大きく減る。
- ●食器洗浄機：食器洗いの時間が大きく減る。
- ●電気調理鍋：料理の手間が減る。
- ●ブレンダー・フードプロセッサー：離乳食をつくるときに便利。
- ●衣類スチーマーなど：簡単にアイロンをかけられる。

［身支度の時短アイテム］

- ●オールインワンの基礎化粧品やシャンプー：身支度の時間が減る。
- ●オールインワンファンデーション：メイク時間が減る。

［食材宅配サービス］

- ●「コープデリ」「おうちコープ」「パルシステム」「生活クラブ」などの生協
- ●「Oisix」「らでぃっしゅぼーや」
  … など

［ネットスーパー］

- ●「イトーヨーカドーのネットスーパー」
  「イオンネットスーパー」
  「楽天西友ネットスーパー」
  「Amazon フレッシュ」
  … など

▶ 家事代行サービス

部屋の掃除や片づけ、料理を作りおきするなど毎日の家事を助けてくれる。

- ●「ベアーズ」https://www.happy-bears.com
- ●「タスカジ」https://taskaji.jp
- ●「CaSy」https://casy.co.jp

※サービス、料金の詳細は各社のHP等を確認してください。

▶ 保育サービス

［一時保育］（目安利用料：1時間 500 円程度）

主に認可保育園で行われているほか、認証保育園（東京）、子育て支援センター、NPO法人や民間企業による施設などでも実施されています。施設によって利用条件や予約方法が異なるので、事前に確認を。

［ファミリーサポート］
（目安利用料：1時間 700 〜 900 円程度）

各市区町村で運営されている子育てサポート制度。事前に会員登録をし、依頼者と地域のサポーターの利用条件がマッチした場合にサポートを受けられます。

［ベビーシッター］
（目安利用料：1時間 1200 〜 3500 円程度）

小児科看護師さんが行っているものや、アプリを利用できるものなど、さまざまなベビーシッター派遣サービスがあります。

※ベビーシッターを利用する場合には運営会社の体制や信頼性を検討し、事前に面接や身分証の提示を求める、ウェブカメラを設置するなどして子どもの安全を守るよう配慮しましょう。

［病児・病後児保育］
（目安利用料：1日 2000 円程度）

子どもが病気になったとき、どうしても仕事を休めない状況が想定される場合は、厚生労働省が定める「病児保育事業」を行っている施設に事前登録をしておきましょう。

※料金の詳細はサービスを提供している施設のHP等を確認してください。

祖父母との
コミュニケーション

子育てのサポートをしてもらったり、写真を共有したり。祖父母と気持ち
よくコミュニケーションをとるために考えたいことは？

★子どもが生まれると、家族みんなが幸せな気持ちになりますよね。特に、孫ができた祖父母は喜んでくれることが多いもの。写真を送ってあげると何度も見てくれたり、子どもに会いに来てくれたり、夫婦ふたりのときと比べると距離がぐっと縮まります。

★孫をかわいがってくれる祖父母の存在は子どもにとっても温かいものです。一方で頻繁に家に訪ねてくる祖父母の行動にママ・パパがとまどったり、逆に祖父母が頻繁に育児のサポートを頼まれて実は疲労していたりと、問題も起こりえます。

★祖父母と上手な距離感で付き合うためには、まずは、「やってもらって当たり前」ではなく、「やってくれてありがとう」という感謝の気持ちを忘れないことが大切です。あくまで子育ての主体は親。サポートをしてもらった場合はしっかり感謝を伝えましょう。また、無理なくサポートしてもらうこと、どんなときに頼りたいかを夫婦で考え、普段から祖父母とも話しておくといいですね。

★感染症が拡がっている時期は免疫力の低い祖父母と子どもを守るために、一時的に会うのを控えたほうがいいことも。会えない代わりに電話やビデオ電話、手紙を送るなど、気持ちを伝えるコミュニケーション手段がおすすめです。

祖父母とのコミュニケーションで検討することリスト

▶ 子どもの写真・動画の共有方法

例・写真共有サービス（「みてね」などのアプリやストレージサービス）の利用
　・子どもの写真をカレンダーにしてくれるサービス（「レター」など）の利用
　・LINE やメールなどで写真・動画を送る
　・印刷した写真を送る　…など

▶ 祖父母と子どものコミュニケーション

例・月に1回程度子どもを連れて顔を出す
　・ビデオ電話、電話、手紙を送る　…など

▶ 祖父母の育児サポートをお願いするとき

例・夫婦のどちらかが体調を崩したときにサポートをお願いする
　・子どもの習い事の送迎をお願いする　…など

▶ スマホ・パソコンやアプリの使い方をどう伝える？

▶ 子どものお祝い事や行事にどう参加してもらう？

0歳のお祝い（お七夜・お宮参り・お食い初め・ハーフバースデー・初節句・初正月・初誕生）

誕生日

年中行事（クリスマス・こどもの日など）

保育園・幼稚園の行事

▶ 敬老の日や節目の長寿祝いをどうする？

敬老の日

誕生日

還暦（60歳）、古希（70歳）、喜寿（77歳）など

▶ 最新の育児情報を共有する？

例・育児本をプレゼントする
　・地域の「孫育て講座」があれば一緒に参加する
　・祖父母向けの育児アプリをダウンロード
　　　…など

写真の整理どうする？

整理しないとあっという間にたまる子どもの写真。データの保存方法とアルバムづくりについて考えましょう。

産前
0歳
1歳
2歳
3歳
4歳
5歳

★子どものかわいらしい表情やしぐさを見ていると、つい何枚も写真を撮ってしまいますよね。たくさん撮った写真は定期的にアルバムに入れて、いつでも見返せるように整理しておきましょう。

★アルバムは何年、何十年あとになっても見返すものです。耐久性があり、収納場所に合ったサイズのものを選びましょう。同じシリーズで揃えると統一感が出て見た目もすっきりします。インテリアになじむものでは「無印良品」や「デルフォニックス」などのアルバムが人気です。小さな子どもが喜ぶデザインでは、絵本仕立てのもの、動物が表紙のアルバムなどもあります。

★最近ではスマホに保存されている写真をアプリでフォトブックにできるサービスも増えています。自動でレイアウトしてくれるものや、印刷にこだわった高品質のものなどサービスはさまざま。ただし、パスワードやIDをしっかり管理する必要があること、サービスは終了する可能性があることも考慮しておきましょう。

★妊婦健診時のエコー写真は感熱紙でできていることから、熱を加えたり時間がたちすぎたりすると白くなるのが特徴です。長期間保存したい場合には、コピーやスキャンをするほか、写真を撮って現像してから保存する方法がおすすめです。

写真の整理で検討することリスト

☐ **どんなアルバムづくりをするか**

例：お気に入りをプリントしてアルバムにしまう、写真整理アプリを使う、データだけで管理 … など

☐ **どのタイミングで写真を整理するか**

例：半年に一度、毎年年末、イベントごと … など

☐ **スマホ・携帯電話で撮った写真・動画の保存先**

例：外付けハードディスクに保存、クラウドに保存 … など

☐ **デジタルカメラや一眼レフで撮った写真の保存先**

例：外付けハードディスクに保存、クラウドに保存 … など

☐ **ビデオカメラで撮った動画の保存先**

例：外付けハードディスクに保存、クラウドに保存 … など

☐ **データのバックアップのとり方**

例：外付けハードディスクに保存、クラウドに保存 … など

☐ **いただいた写真の保存先**

例：アルバムに一緒に入れる、一箇所にまとめる、スキャンしてデータ保存 … など

育児中の家計を助けるお金の豆知識

子どもが生まれてから自立するまで、何かとお金がかかるもの。
ここでは子育て世帯が知っておくと役立つお金の豆知識をご紹介します。

※2021年2月時点の情報

【教育費の備えに】

☐ 児童手当

育児を支援する目的で国から支給されるお金。0〜3歳未満は月額15,000円、3歳〜中学校修了まで月額10,000円（第3子以降は3歳〜小学校修了まで15,000円）。所得制限限度額以上の家庭は特例給付として一律月額5,000円。

☐ 学資保険

教育資金の貯蓄を目的とした保険。「契約者が死亡、重度の障害が残る病気やケガをした場合、保険料の支払いが免除される」「税額控除が受けられる」などのメリットが。途中でお金を引き出すことができないため、無理のない払い込み計画が大事。

【税金の控除・税制優遇制度】

☐ 医療費控除

年間の医療費が10万円を超えた場合、確定申告で医療費の一部を税金から控除できる。出産した年は特に医療費が高くなるので、明細書や領収書、医療費のお知らせを集めておき、一年間の医療費の集計を。確定申告の際は「医療費控除の明細書」と「確定申告書」を作成して税務署に提出する（領収書は自宅で5年保管する必要あり）。

☐ iDeCo

個人型確定拠出年金。毎月一定の金額を積み立てて運用し、60歳以降にお金を受け取ることができる制度。「掛金が所得控除の対象となる」「非課税で資産運用ができる」など税制上のメリットが大きい。

【ひとり親家庭への支援制度】

☐ 児童扶養手当

ひとり親家庭に対し、子どもが18歳まで支給されるお金。月額約42,000円。第2子は約1万円加算、第3子は約6,000円加算（いずれも全額支給の場合。所得制限のある場合は所得に応じて決定される。支給額は物価に応じて毎年変動する）。

☐ 各自治体のひとり親家庭支援制度

自治体によって、ひとり親家庭を支援する独自の制度が設けられているところも。たとえば東京都の場合、月額13,500円の「児童育成手当」の支給（所得制限あり）、子どもが18歳まで医療費が助成される「ひとり親家庭医療費助成制度」がある。

☐ NISA

個人投資の税制優遇制度。通常の投資では約20%の税金がかかるところ、「NISA口座」では決められた金額内で税金がかからない。

☐ ふるさと納税

自分の選んだ自治体に寄付をすると返礼品が送られ、寄付金に対して所得税の還付、住民税の控除が受けられる制度。年収によって控除の上限額が違うので、まずは上限額を調べてからスタートを。

7

病気、
ケガのとき

子どもが病気・ケガをしたら、親はとても心配して焦ります。とっさのことに対応できるよう必要な備えを。

子どもの病気やケガはできるだけ経験したくないものですが、避けては通れないことでもあります。親としては、とっさのときに慌てないように子どもがかかりやすい病気の症状を知っておいたり、救急車を呼ぶ症状などを頭に入れておいたりするとよいですね。

また、ここでは子どもを病院に連れて行くときの準備や持ち物もリストアップしています。健康保険証、乳幼児医療証、お薬手帳、母子手帳、診察券は病院へ行くときに必ず必要なので、セットにして家族全員が置き場所を知っておくのがおすすめです。

診察を受けた後は多くの場合お家で様子を見ることになります。本章では症状別のホームケアについても掲載しているので、ぜひ必要なときに参考にしてみてください。

すぐ知りたいことはなんですか？

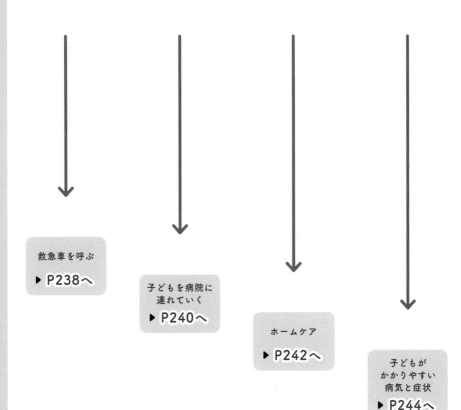

救急車を呼ぶ
▶ P238へ

子どもを病院に
連れていく
▶ P240へ

ホームケア
▶ P242へ

子どもが
かかりやすい
病気と症状
▶ P244へ

救急車を呼ぶとき

大きなケガをしたとき、異変が起きたとき。救急車を呼ぶ基準を知っておきましょう。

★子どもに異変が起きたとき、救急車を呼ぶべきかどうか、とっさの判断は難しいものです。消防庁などが、「ためらわず救急車を呼んでほしい子どもの症状」として発信しているものをまとめました。

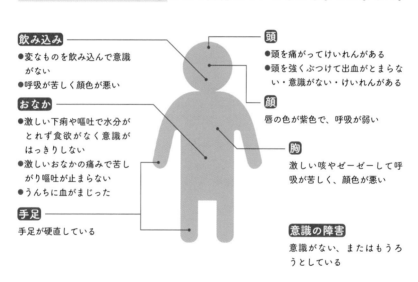

飲み込み
- 変なものを飲み込んで意識がない
- 呼吸が苦しく顔色が悪い

おなか
- 激しい下痢や嘔吐で水分がとれず食欲がなく意識がはっきりしない
- 激しいおなかの痛みで苦しがり嘔吐が止まらない
- うんちに血がまじった

手足
手足が硬直している

頭
- 頭を痛がってけいれんがある
- 頭を強くぶつけて出血がとまらない・意識がない・けいれんがある

顔
唇の色が紫色で、呼吸が弱い

胸
激しい咳やゼーゼーして呼吸が苦しく、顔色が悪い

意識の障害
意識がない、またはもうろうとしている

じんましん
虫に刺されて全身にじんましんが出て顔色が悪くなった

けいれん
けいれんが5分以上止まらない、止まっても意識が戻らない

やけど
- 痛みのひどいやけど
- 広範囲のやけど
- 顔面や首のやけど

事故
- 交通事故にあった
- 水におぼれている
- 高所から転落

生まれて3ヶ月未満の乳児
乳児の様子がおかしい

上記以外の場合でも、子どもの様子が「いつもと違う」「おかしい」と感じたら、ためらわず救急車を呼びましょう。

産前

0歳
1歳
2歳
3歳
4歳
5歳

救急のときの早見表

住所や電話番号を書き込み、いざというとき、
すみやかに行動できるように貼り出しておきましょう。

救急車を呼ぶべきか迷ったら

#8000（子ども医療電話相談）
#7119（救急相談センター）

救急車を呼ぶとき

119

［救急車の呼び方］

① 119番通報をしたら、
「救急です」と伝える

② 来てほしい住所を伝える

自宅住所：

周辺の目印、道順など：

③ 症状と年齢を伝える

④ 通報者の名前と連絡先を伝える

連絡先：

⑤ 救急車に乗る準備をする

持ち物

☐ 母子手帳
☐ 保険証・診察券・乳幼児医療証
☐ 普段飲んでいる薬・お薬手帳
☐ おむつ・ミルク・哺乳瓶など
☐ タオル
☐ 靴
☐ 貴重品（財布・カギ）
☐ お金
☐ 携帯電話

⑥ 人手がある場合は救急車の
来そうなところまで案内に出る

誤飲したとき

072-727-2499
（大阪 中毒 110 番）

029-852-9999
（つくば 中毒 110 番）※ 9 時〜 21 時

072-726-9922
（たばこ誤飲事故専用電話）

のどにものが詰まったとき

● 苦しそうな様子のときはすぐ119番

● 意識・呼吸がない場合は心肺蘇生を
行う（胸部圧迫とできれば人工呼吸を繰り返
して行い、泣き出すか救急隊が来るまで続ける）

● 意識がある場合は以下の方法をとる

［1歳未満］

① 子どもを膝の上
でうつぶせにし
ます。片手で体
を支えながら手
の平であごを
しっかり支え
ます。もう一方の
手の平の付け根
で背中を力強く
数回たたきます。

② 仰向けにします。片手は体を支えながら手の
平で後頭部をしっかり支えます。このとき、
頭がやや下がるように。もう一方の手で両乳
首の間の少し下を数回連続して圧迫します。

③ ①〜②の動作を交互に数回ずつ行います。

［1歳以上］

ひざまずいて背後から両腕を
回し、子どものおへそのあ
たりで片方の手を握り拳にし
ます。その手で腹部を上方へ
圧迫します。

※参考：厚生労働省「救急蘇生法の指針 2015（市民用）」など

子どもを病院に連れて行くときの準備

準備リストがあれば、誰が子どもを病院に連れて行くときも安心です。

★具合の悪い小さな子どもを連れて病院に行くのはひと苦労です。焦るときも忘れ物なく出発できるよう、事前に病院に行くときの持ち物と準備することをリストアップしておきましょう。右ページを元に、子どもの年齢などに合わせて各ご家庭のリストを完成させてください。リストがあれば、誰が病院に付き添うときでも安心です。

★病院に向かう間や診察待ちの時間には、「どんな症状か」「いつからか」といった診察に必要な情報を整理しておきましょう。経過を記録したメモを持参すると安心です。親以外の人が病院に連れていく場合は、メモを託して。また、記入したメモを残しておけば次に同じ症状が現れたときや、下のお子さんが同じ病気にかかったときにも役立ちます。

★診察の待ち時間が長くなるかもしれないので、子どもの気がまぎれるような小さなおもちゃや絵本を持って行くといいでしょう。大人と3歳以上はできるだけマスクをつけて、3歳未満の場合は咳をするときにタオルで軽くカバーするなどしてウイルスが周囲に飛散する可能性に気を配りましょう。子どもの服装はつなぎよりセパレートのほうが診察がスムーズです。

子どもを病院に連れて行くときの準備リスト

子どもの保険証、乳幼児医療証、診察券、母子手帳、お薬手帳の5つは
ケースにセットにしておき、家族全員で置き場所を共有しておくと安心です。

▶ 準備

☐ 家を出る前に授乳しておく
☐ 家を出る前におむつ替えをしておく
☐ 診察に備え、着脱のしやすい服を着せる
☐ 子どもに病院に行くことを伝える

※「しんどいのを治してくれる優しい先生のところに
　行くよ」などポジティブな声かけがおすすめです。

▶ 持ち物リスト

[必須]

☐ 保険証　　　　☐ マスク
☐ 乳幼児医療証　☐ タオルやガーゼ
☐ 診察券　　　　☐ お気に入りのおもちゃや
☐ 母子手帳　　　　絵本（音の鳴らないもの）
☐ お薬手帳　　　☐ 貴重品（財布・カギ）
　　　　　　　　☐ 携帯電話

[必要に応じて]

☐ おむつセット
　（おむつ、おしりふき、ビニール袋、おむつ替えシート）
☐ 授乳ケープ
☐ ミルクセット
　（粉ミルク・お湯・お水／液体ミルク、哺乳瓶）
☐ 飲み物
☐ 着替えセット
☐ ティッシュ・ウエットティッシュ

[症状に応じて]

☐ 便に異常があるときはおむつに包んだまま
　持参するか、写真を撮っておく
☐ 発疹やじんましんが出たら、そのときに写真を撮っ
　ておく
☐ 嘔吐があるときは、エチケット袋や
　ビニール袋などを用意
　※牛乳パックの口を切ってビニール袋や防臭袋をか
　　ぶせたものも便利です。

▶ 診察を受けるまでの準備リスト

☐ 感染症の疑いがある場合は受付で伝える
☐ 診察直前の飲食・授乳は避ける
☐ 医師に伝えることの整理・メモ
● いつから

● どんな症状か

● 子どもが飲める薬の形状（シロップ、粉、錠剤）

● 子どもの体重

　　　　　　　　　　　　　　　　　　　　　g
● アレルギーや持病

● これまで起きた薬の副作用

● 園で流行っている感染症

● 食事やお風呂のことなど、
　医師に聞いておきたいこと

Free 😊 自由にメモしましょう

☐
☐
☐

発熱・嘔吐・咳症状の
ホームケア

意外と教わることが少ないお家ケア。どう対応したらいいのか症状別にご紹介します。

【発熱しているとき】

●温かくする／涼しくする

熱の出始めに寒気を感じていたら、湯たんぽを入れたり布団をかけて温めてあげましょう。高熱が出ている場合は、かけるものは薄手にして薄着に。高熱でよく眠れないときは、わきの下、首筋、足首など太い血管が通っているところを冷やしてあげましょう。

●こまめな水分補給

発熱時は汗をかくため、こまめに水分補給をしましょう。

●体を清潔に保つ

パジャマを替えたり体を拭いたりして清潔に。また高熱時は口内の炎症を起こしやすいので、食後は歯磨き・うがいを。

●解熱剤は様子を見て

薬で解熱をすると免疫反応を妨げることも。解熱剤を使うかどうかは、睡眠や食事など生活に支障があるかどうかが目安になります。

- ●受診の目安 ：0歳6ヶ月未満ではすみやかに、0歳6ヶ月以上であれば38度以上の熱が12時間続き、活気低下がある場合
- ●再受診の目安：水分がとれない、呼びかけへの反応が弱い、呼吸が早いなどの症状がある場合、発熱が2〜3日さらに続く場合

【咳がひどいとき】

●痰を出しやすくする

のどが乾燥すると痰の量が増えて出しにくくなるので、部屋を加湿し、常温～ぬるま湯程度の水分でのどを潤してあげましょう。また赤ちゃんが咳をしたタイミングで背中を軽くたたくと、痰が出やすくなります。胸や背中をさすってあげるのも効果的です。

●姿勢を起こす

気道が狭くならないよう、上体が少し起きる姿勢で寝かせます。

●鼻水を吸引する

赤ちゃんの場合、鼻水がのどに落ちてむせている場合があります。

●受診・再受診の目安：食事や水分がとれない、夜に眠れない、日中も遊ぶと苦しそうなど生活に支障がある場合

【嘔吐しているとき】

●寝かせ方

横向きにして嘔吐物がのどに詰まらないように。枕を少し高くするのも効果的です。

●吐瀉物の処理

嘔吐物はすぐに処理します。ウイルス性胃腸炎の流行期であればマスクをして処理し、消毒や自分の手洗いをしっかりと。

●水分補給

脱水症状にならないよう、乳幼児用のイオン飲料をさじ1杯程度から5分間隔を目安にあたえます。「病者用食品」のマークがついているものが安心。乳児の場合は医師に相談してから飲ませましょう。

●受診・再受診の目安：38度以上の発熱がある場合、顔色が悪く尿が12時間出ていない場合、下痢が多い場合

※どんな症状の場合も、なかなか改善しないときや不安に感じるときは医師の診察を受けましょう。

年齢別・子どもがかかりやすい病気と症状

小さな子どもは自分の病気の症状を伝えることができません。かかりやすい病気を事前に知っておき、病気の兆候に気づいてあげられるようにしましょう。

【生後半年までにかかりやすい病気と症状】

黄疸
おうだん

皮膚が黄色くなる黄疸は新生児によく見られ、生後1〜2週間で次第に治まります。続くようなら「新生児溶結性黄疸」などの病気のおそれもあるので、検査をしてもらいましょう。

湿疹

新生児の肌はバリア機能が弱く、赤いぶつぶつした乳児湿疹が出やすいものです。症状がよくなったり悪くなったりを繰り返すようならアトピー性皮膚炎の可能性もあるので、小児科か皮膚科を受診しましょう。

噴水状の嘔吐

まだうまくおっぱいやミルクを飲めず吐き戻すことが多い時期ですが、噴水のように勢いよく吐き戻す場合は胃の出口が狭くなっている「肥厚性幽門狭窄症」の可能性があるので受診を。

RSウイルス

ほぼ全員が2歳までに感染するウイルスです。鼻水のあとに38〜39度の発熱と咳が続きます。特に初めてかかったときに肺炎や細気管支炎を起こしやすく、生後6ヶ月以下は重症化することが多いので早めの受診を。

百日咳
ひゃくにちぜき

発症後1〜2週間は鼻水や咳といった風邪症状。その後呼吸困難になるほどの激しい咳が2〜3週間続きます。生後6ヶ月以下の子がかかると重症化するおそれがあるので、早めの受診が必要です。

【0歳〜5歳でかかりやすい病気と症状】

熱性けいれん

生後6ヶ月〜3歳くらいで起こりやすい症状です。急に38度以上の熱を出し、全身がガタガタ震えるけいれんを起こします。ほとんどの場合5〜10分で治まり、後遺症の心配もありませんが、本当に熱性けいれんで他の病気の可能性がないか確認する

ために病院を受診しましょう。けいれんが5分以上続くときは119番を。また、1日に2回以上起こる、熱がないのにけいれんする、意識がない、顔色が悪いなどの場合ほかの病気の可能性があるのですぐに救急車を呼びましょう。

突発性発疹

2歳未満の子に多く見られます。38度以上の熱が3〜4日続き、下がったあとに発疹。発疹の不快感から不機嫌が続くことも。

ヘルパンギーナ

5歳以下の患者がほとんどで、夏に流行します。38〜40度の発熱が突然起こり、1〜3日ほど続きます。のどの奥に痛みのある水疱ができます。

急性中耳炎

乳幼児がかかると、しばしば39度以上の熱が見られます。耳の痛み、耳だれがあり、乳児が不機嫌になったり耳を触る動作をよくしていたりしたら疑いましょう。

手足口病

手足と口内に発疹、発熱があります。口内炎が複数できて、食欲を失いがちです。しみない食べ物を少量ずつ与えて。

溶連菌感染症

高熱、舌の表面にぶつぶつとした赤みが出る「いちご舌」、手指の皮がむけるといった症状が現れます。

咽頭結膜熱（プール熱）

40度近い高熱、のどの痛み、目のかゆみや充血。夏に流行することが多く、発熱は3〜7日続きます。

ウイルス性胃腸炎

発熱、下痢、嘔吐。秋から冬にかけて流行ります。家庭内感染しやすいので便や嘔吐物の処理には細心の注意を。

細菌性胃腸炎

発熱、下痢、嘔吐。キャンピロバクター、サルモネラ、病原性大腸菌（O-157など）は夏に流行することが多いです。

インフルエンザ

高熱が長く続き、熱性けいれんも起こしやすくなります。様子の変化に注意を払い、なるべく早く治療をして解熱を目指しましょう。流行シーズンに突然高熱が出たら感染を疑い、家族との接触を避け、発熱から12時間を目途に受診しましょう。

肺炎、気管支炎

ウイルス感染、細菌感染で状態が悪化するとかかります。痰がまじったひどい咳、ヒュー、ゼーという呼吸音、苦しそうに全身で呼吸をしているようならすぐに受診を。

川崎病

高熱が5日以上続き、全身に発疹が出ます。いちご舌、目の充血、手足のむくみ、首元のリンパの腫れなど。原因が解明されておらず、心臓に負担がかかることもあるので症状が見られたらすぐに受診を。

水疱瘡

全身に強いかゆみを伴う発疹、水疱（かさぶたへと変化）、高熱といった症状が出ます。感染力が強く、流行れば乳幼児から小学生、大人にも。

風疹

全身に細かい発疹、リンパ節の腫れ、発熱があります。感染力が強いが3日程度で解熱します。

麻疹

発熱後、4〜5日で全身に不規則な発疹ができます。咳や鼻水、のどの痛み、頬の裏側に出る白い斑点などの症状があります。感染力が強く、肺炎や脳炎のリスクがあります。

流行性耳下腺炎（おたふくかぜ）

耳の下にある「耳下腺」が腫れ、おたふくのような顔になります。40度近く熱が出ることがあります。

ウイルス性髄膜炎

高熱とともに頭痛が続きます。おたふくかぜ、麻疹、風疹のあとの合併症としてかかることがあります。

脳炎

高熱とともに意識障害や麻痺が現れます。インフルエンザの合併症、蚊を媒体として感染する「日本脳炎」などがあります。赤ちゃんの場合頭痛を訴えられないので、機嫌が悪くてぐずりっぱなしだったり、食欲がなく嘔吐したりという様子があったらすぐに受診しましょう。

年齢別さくいん

1歳

2歳

3歳

4歳

のすることリスト

自由に書き込んで使いましょう。

	項目	memo
☐		
☐		
☐		
☐		
☐		
☐		
☐		
☐		
☐		
☐		
☐		
☐		
☐		
☐		

必ずすること

	項目	memo
☐		
☐		
☐		
☐		
☐		

できればすること

	項目	memo
☐		
☐		
☐		
☐		

Free

の検討リスト

自由に書き込んで使いましょう。

	項目	memo	結果
☐			
☐			
☐			
☐			
☐			
☐			
☐			
☐			
☐			
☐			
☐			
☐			
☐			
☐			
☐			
☐			
☐			
☐			
☐			
☐			
☐			
☐			
☐			
☐			

に招く人リスト

自由に書き込んで使いましょう。

ーーーーーーーーーーーーーーーーーーーーーーーーーーーーーー

	memo
☐	
☐	
☐	
☐	
☐	
☐	
☐	
☐	
☐	
☐	
☐	
☐	
☐	
☐	
☐	
☐	
☐	
☐	

友達・その他

のスケジュール

自由に書き込んで使いましょう。

24 時間

6:00

7:00

8:00

9:00

10:00

11:00

12:00

13:00

14:00

15:00

16:00

17:00

18:00

19:00

20:00

21:00

22:00

23:00

24:00

1:00

2:00

3:00

4:00

5:00

4 日間

1 日目

2 日目

3 日目

4 日目

監修

ninaru baby

ママの3人に1人（※1）、100万人以上が使う（※2）育児アプリ。妊娠・出産を控えたプレママ向けのアプリ「ninaru」と連動し、小児科医・助産師が監修したママへのメッセージや赤ちゃんの成長に合わせた記事を、0歳〜5歳の誕生日まで毎日お届けしている。ワクチンを打つ予定、打った日付などを入力できる、予防接種スケジュール機能も搭載。

※1　厚生労働省発表「人口動態統計」とfirebase／first openから算出（2019年）
※2　firebase／session startから算出（2019-2020年）

育児やることリスト大全
0〜5歳までの毎日のお世話・イベントのすべてがわかる
2021年3月29日　初版発行

監修　　ninaru baby

発行者　青柳 昌行

発行　　株式会社KADOKAWA
　　　　〒102-8177　東京都千代田区富士見 2-13-3
　　　　電話 0570-002-301（ナビダイヤル）

印刷所　凸版印刷株式会社

●お問い合わせ
https://www.kadokawa.co.jp/（「お問い合わせ」へお進みください）
※内容によっては、お答えできない場合があります。
※サポートは日本国内のみとさせていただきます。
※ Japanese text only

定価はカバーに表示してあります。